Tu seras un décideur mon fils

Siméon Popétec

ISBN: 9798846650473

A Anticor qui malgré tout, arrive à faire son travail.

TABLE DES MATIÈRES

PREFACE DE L'AUTEUR

Quand je relis aujourd'hui mon guide du meilleur décideur, que j'ai rédigé avant la crise de la COVID, je me rends compte de sa pertinence, à la lumière de des cafouillages auxquels nous avons assisté alors. Et si ces cafouillages avaient été réalisés sur commande ? Et si la baisse du nombre de lits d'hôpitaux, même en pleine crise, l'était aussi ?

Cela m'a encouragé à publier ce pamphlet. Puisse-t-il apporter un nouvel éclairage sur ce qu'a été cette crise particulière, et en générale sur les interrogations qui traversent aujourd'hui notre Société, sachant que ces interrogations sont sûrement une des causes de troubles comme l'émergence des gilets jaunes ou la montée des populismes. Une autre cause étant aussi probablement la corruption de l'Administration, phénomène dont on perçoit la présence, mais qui reste refoulé dans les média, faute de transparence et d'intérêt du public. Or on sait, grâce à la Psychanalyse, que le refoulement est cause de névrose et de frustration.

Puisse ce guide être une bouteille à la mer vers ceux qui souhaitent mettre un terme à cet état de fait.

Novembre 2020

LE SYSTEME

Mon fils, aujourd'hui tu es en âge de travailler. Tu as fini tes études en grande école, que tu as intégrée grâce à ton nom. Tu n'as pas fait l'ENA comme moi, mais je vais t'apprendre à t'en tirer aussi bien que moi, en te faisant part de toutes les ficelles du métier. Tu apprendras par la même occasion pourquoi les impôts ne doivent pas cesser d'augmenter, pourquoi notre Administration doit continuer à s'endetter, et surtout pourquoi ça ne doit pas s'arrêter.

Chaque pays a son élite. Par exemple, dans une dictature militaire, l'élite, c'est les officiers. Aux États-Unis, ce sont les traders, ou les entrepreneurs, que sais-je. Et en France, ce sont les décideurs de la Républiques, la nouvelle aristocratie, la «classe politique» comme on l'appelle dans la Presse. Mais le parcours à suivre est défini, et il ne faut pas brûler les étapes, ce qui risquerait de te faire chuter de manière précoce. Dans un premier temps, tu seras cadre supérieur, c'est le stade UN. Ensuite, tu feras partie de l'élite des hauts fonctionnaires, à laquelle j'ai pu accéder directement en entrant à l'ENA, c'est le stade DEUX. Et enfin, le stade TROIS, c'est quand tu seras un élu de la République, un secrétaire d'état, voire un ministre, et là tu commences à encaisser directement les dividendes du

Système, parce que chez nous, en France, il est hors de question de laisser les dividendes aux seuls capitalistes.

Ce cheminement en trois stades va bénéficier de ce que dans ce manuel j'appellerai le «Système». Une immense machine à cash qui permet à notre Aristocratie républicaine de vivre, de bien vivre même, sans avoir recours à la violence, avec l'assentiment politique du plus grand nombre, et grâce à un législateur complice. Le Système est un schéma de fonctionnement permettant de détourner une bonne partie de l'argent public, tout en assurant les missions de service publique de l'Administration. Et l'outil privilégié pour assurer ces missions, c'est le Service Technique, qui permet de faire appel à la commande publique de manière presque illimitée.

Au stade UN, tu ne pourras pas encore bénéficier directement du Système, mais tu devras tout faire pour l'alimenter, en huiler les rouages, voire mettre en place les dispositifs ad-hoc. Il peut être même souhaitable que tu verses une partie de ton salaire (la moitié serait l'idéal) à un parti politique ou au haut-fonctionnaire qui t'as fait nommer au poste que tu occupes. Alors, si tu fais bien ton boulot, en récompense, tu auras de la promotion rapide. Au stade DEUX, tu pourras commencer à capter une petite partie des dividendes du Système, sachant que la plus grosse partie est réservée aux décideurs du stade TROIS et à leur dépense de réélection. Ce stade TROIS doit rester un objectif de carrière pour toi. C'est le stade où tu deviens un vrai décideur. Tu peux même envisager de te présenter à une élection, ce moment privilégié où les citoyens choisissent qui va taper dans la caisse. Tu dois aussi considérer que c'est à ce stade qu'un accident peut arriver, notamment à l'occasion d'un changement de majorité. Mais ne t'inquiète pas, aujourd'hui, si tu n'es pas recasé dans une administration, tu peux toujours te faire pantoufler dans une entreprise que tu auras fait travaillé quelques années plus tôt. Presque toutes les lois qui étaient censé prévenir les conflits d'intérêt lié au pantouflage sont tombées.

Je suis tenté de rajouter un quatrième stade, que j'appellerais le «stade de l'intouchabilité». C'est quand tu as tellement gagné d'argent par le Système, que tout le monde, même les juges, te mangent dans la main; un stade où tu peux acheter qui tu veux, tu es intouchable. N'oublie pas qu'à ce stade tu peux être amené quand même à être un minimum généreux. Tu dois pouvoir réserver une partie des revenus du Système à financer ta sécurité: juges, journalistes, confrères en politique, qu'ils soient dans ta majorité ou dans l'opposition, et cetera.

J'ai insisté sur l'Administration, mais tout ce que je vais te dire est aussi valable pour des entreprises contrôlées par l'État ou la puissance publique, et qui constituent aussi de magnifiques pompes à finance. De même, le Système n'a pas de couleur politique. Tous, de l'extrême gauche à l'extrême droite ont intérêt à y adhérer. Même un parti bien ancré à gauche peut trouver son intérêt à mobiliser la commande publique. Si tu n'es pas politisé, et que tu es déjà au stade TROIS, tu pourras même rester en place en cas d'alternance, et faire profiter du Système à différents partis.

Oublie ce qu'il te reste d'idéalisme en toi. Défendre la veuve et l'orphelin, la démocratie, la morale, la dignité des plus faible, et cetera. Garde çà pour la façade. Choisir entre le Système et tes idéaux, c'est choisir entre «rester aux affaires» et quitter le pouvoir. Le Système est le carburant du pouvoir. «Pas de Système», c'est «pas d'argent», «pas de nerf de la guerre», pas de service rendu à ceux qui peuvent te rendre des services en retour…

FONCTIONNEMENT DU SYSTEME

«C'est bon pour le petit commerce» est une citation que tu entendras souvent quand tu approcheras des agents désolés ou pas, et confrontés au Système. Dans la pratique, le Système consiste à faire des commandes publiques à des entreprises apparemment mises en concurrence, et qui reversent une partie de ce qu'elles perçoivent au parti politique en place ou aux hauts fonctionnaires qui supervisent le service donneur d'ordre. Au départ, ces reversements se faisaient en espèce, les fameuses mallettes qui circulaient. Mais c'était encore trop visible. Aujourd'hui, tout se passe par des virements de filiales dans des comptes off-shore ou crypto-monétaires. C'est devenu complètement invisible.

Pour la mise en concurrence nécessaire à la «conformité» au Code des marchés publics, ça peut sonner comme un point faible du Système. Mais il ne faut pas s'inquiéter, car en général, toutes les plus grosses entreprises sont au courant, et peuvent s'entendre pour répondre aux appels d'offres. Le travail, en fait, va être de répartir les contrats entre elles. Le Code des marchés publics est devenu très favorable au Système. Avant, on était quasiment obligé de choisir le moins-disant lors d'un appel d'offres. Aujourd'hui, on est «obligé» de choisir de mieux-disant, ce qui finalement laisse une liberté totale de choix attributaire, moyennant un rapport d'attribution rédigé en faveur de ce «mieux-disant choisi». Si par le plus malheureux des hasards la concurrence devenait un souci, tu apprendras vite comment bloquer ou ralentir une procédure d'achat pour pouvoir adopter par la suite les procédures d'urgence qui te permettent de te passer de mise en concurrence.

Lorsque le Système a été généralisé dans les années 80, on a d'abord travaillé sur les marchés de travaux. C'est alors qu'ont émergés, à gauche comme à droite, les politiques de «Grands Travaux». C'est toujours utilisé aujourd'hui. Normalement, on peut en espérer jusqu'à 40% de rétro-commission sur le prix des travaux. Essaye d'éviter de dépasser 50%. En effet, un taux supérieur peut entrainer une diminution de la qualité de ce qui est réalisé, ce qui peut attirer l'attention. L'affaire consiste à faire plein de travaux de prestige, de monuments, d'équipements bien tape-à-l'œil, et bien sûr le plus cher possible. Cette forme de démagogie va rendre les contribuables fiers de la ville, de la région ou du pays qu'ils habitent. Et ainsi, souviens-toi que plus on détourne d'argent, plus ils nous aiment.

Aujourd'hui, ce qui marche très fort, ce sont les prestations intellectuelles; études de maîtrise d'œuvre liées à un projet de travaux, mais aussi et surtout études techniques diverses, études stratégiques, conseil et cetera. Le gros avantage, c'est que la rétro-commission n'a pas de limite. Si tu commandes à un bureau d'étude, une prestation qu'elle a déjà réalisé pour une autre administration, elle va facturer un grand nombre d'heures, mais te produira son rapport sans vraiment beaucoup de travail, ce qui lui permettra de verser au Système au moins 80% du prix payé par ton administration. Autre avantage, une fois le rapport d'étude fourni, tu t'empresses de l'archiver et de l'oublier. C'est immatériel contrairement à une construction, et tu peux commander de nouveau la même étude quelques années plus tard. Le but des prestations intellectuelles, c'est aussi de faire des études qui vont justifier plus de travaux. Un bon rapport d'expertise avec des conclusions un peu pessimistes, peuvent te conduire à construire ou reconstruire un équipement. Tu me diras, «et si on tombe sur des administrés qui s'y connaissent et voient l'entourloupe?» Et bien rassure toi! Les experts ne sont employés, de toute façon, que dans les cabinets ou autres bureaux d'étude technique qui travaillent principalement pour l'Administration. Dernier avantage pour les prestations intellectuelles, tu peux t'arranger pour éviter la concurrence; il suffit de lancer les études souhaitées dans un domaine très spécialisé, tellement spécialisé qu'une seule structure peut y répondre. Tu peux même aller jusqu'à demander à un ami à toi de créer cette structure sur mesure pour capter le contrat. Mais pour certaines prestations intellectuelles, comme l'architecture, le choix est esthétique, donc totalement arbitraire, du coup tu peux choisir tes potes.

Un outil favorable au Système a été développé ces dernières années: le «marché à bons de commande». Avant, quand tu avais une opération, tu faisais des marchés spécifiques, avec un appel d'offres direct. C'est toujours le cas pour de grosses opérations. Pour des plus petits travaux, des fournitures ou des prestations intellectuelles, tu passes tous les trois ans un marché à bon de commande, et pendant ces trois ans, tu passes des commandes à l'entreprise désignée sans remise en concurrence. Lors de l'attribution du marché, l'entreprise s'engage sur des prix unitaires, qui, individuellement, peuvent être relativement bas, comme par exemple le prix d'un mètre carré de moquette fournie posée, de la fourniture d'une ampoule ou d'une heure d'expert en prestation intellectuel. Ce prix unitaire qui donc peut être relativement bas, va devenir exorbitant quand il s'agira de commander mille mètres carrés de moquette ou dix-mille ampoules. L'entreprise, qui elle, bénéficie de prix de gros très bas, fera à l'occasion des plus-values énormes, dont une partie sera reversée au Système. Autre astuce: payer le moyen de gamme au prix du haut de gamme… En plus, une fois que ce marché est effectif, tu n'as plus le droit de faire jouer la concurrence, ni de trouver une entreprise qui ferait la prestation pour moins chère. Le marché à bons de commande permet finalement de payer beaucoup plus cher des achats et des prestations que si on passait par un appel d'offres direct. Et là aussi, avantage aux prestations intellectuelles; des centaines d'heures facturées pour quelques minutes réalisées à recopier des rapports d'étude déjà faits et refaits.

Donc, tu ne dois jamais négliger la quantité de prestations que tu peux donner au privé pour un projet donné: la conception, la réalisation, le suivi des travaux, ou le contrôle des travaux finis. Mais aussi le boulot administratif, ce qu'on appelle la maîtrise d'ouvrage. Il te faut toujours désigner un assistant à maîtrise d'ouvrage. Très important aussi: la communication autour du projet. Et c'est sans limite, car tu achètes du vent avec de l'or. Note bien cet exemple: rien que pour trouver le nom à ton projet, tu peux faire débourser à l'Administration cinquante mille euros… Alors conseil, le nom, trouve-le toi-même, et missionne une boîte de communication pour te le facturer. Elle te reversera une bonne partie du montant.

Ton rôle de décideur va être d'organiser ton service technique pour alimenter le Système, faire en sorte qu'on t'affecte un budget croissant, et surtout de s'assurer que ce budget en fin d'année soit complètement dépensé. Ce dernier point est assez facile, tu verras qu'un cadre, dans l'Administration, s'il ne dépense pas tout ce qui lui est alloué, se sentira castré s'il doit en restituer une partie en fin d'année, d'autant plus que, l'année d'après, il risque de se voir diminuer le budget allouer à son service.

Donc tu dois toujours œuvrer pour faire croitre la dépense. Et pour ce faire, tu comprends facilement que les impôts et la dette ne doivent jamais cesser d'augmenter, ce sont le carburant du système.

SERVICES TECHNIQUES

Comme je te l'ai dit plus haut, les Services techniques sont le meilleur endroit pour développer le Système. C'est là qu'on y passe le plus de marchés publics. Il y a les marchés de travaux, mais aussi les marchés de prestations intellectuelles. Chacun a son intérêt. Mais surtout, les Services techniques sont censés gérer des problèmes techniquement complexes, et donc peu compréhensibles par le profane, ce qui finalement nous laisse les mains libres pour faire ce que l'on veut. Et pour nous aider dans cette tâche, le personnage essentiel est l'Ingénieur. Son discours technique est souvent perçu comme parole d'Évangile. Rares sont les journalistes, voire les juges, capables de porter un jugement critique à son charabia. Seul un autre expert peut éventuellement contredire notre ingénieur. Mais là, il y a querelle d'expert. Et comment régler une querelle d'experts? En introduisant une part de vérité relative dans le discours scientifique. Voir le chapitre sur la vérité scientifique relative. Deux «vérités scientifiques» différentes sont normalement basées sur un raisonnement rationnel. Mais il y en a toujours une des deux qui peut faire appel, par exemple, au bon sens commun, quitte à être moins rigoureuse que l'autre. C'est celle-là sur laquelle doit s'appuyer ton ingénieur. Deuxième point, une fois qu'il a échafaudé un vague fondement scientifique à une problématique donnée, il doit trouver des solutions techniques, qui doivent avoir deux qualités:

1 – Elles doivent être le plus cher possible, en prestations intellectuelles, comme en travaux.

2 – Elles ne doivent surtout pas régler la problématique de manière définitive. Si c'est le cas, tu n'alimentes le Système que pour une durée limitée; un fusil à un seul coup… Il faut donc, pour pérenniser le Système, prévoir les coups à venir. La solution technique que tu feras développer par ton ingénieur, doit, dans l'idéal, empirer la situation pour que plus tard tu puisses développer une nouvelle solution technique, si possible encore plus chère, «pour régler le problème». Au pire, elle soit être «améliorable»; parce que l'amélioration coûtera aussi beaucoup d'argent. Bien sûr, au bout de quelques itérations de ce type, la problématique peut être réglée définitivement. Mais l'idéal est que ces solutions techniques adoptées au fil des années, puissent créer d'autres problématiques, et ainsi de suite. Le contrôle du service en charge de l'innovation est précieux à cette fin.

On aura ainsi «gesticulé» pendant plusieurs années, pour gérer un problème qu'on a finalement réglé, mais de manière prolongée et tâtonnante. Tu en partageras la gloire avec les ingénieurs de ton équipe, si tout s'est bien passé. Si jamais, ça peut arriver, «ça se voit», alors ne t'inquiète pas, la responsabilité retombe sur l'ingénieur. Toi, tu n'as fait que du management, tu n'es pas vraiment compétent dans le domaine technique de l'ingénieur, c'est lui qui s'est trompé, pas toi.

Aujourd'hui on voit une tendance à la remise en question des Sciences. Et cette ambiance est très favorable au Système. Comment en profiter? La démarche scientifique est fondée sur le doute. C'est tout ce que tu dois retenir. Il faut que ce doute détruise le consensus scientifique, et non qu'il l'alimente. Rien n'est plus simple:

dans un domaine scientifique donné, il suffit de faire appel à d'autres scientifiques en mal de reconnaissance, dont ce n'est pas le domaine, pour attaquer le consensus. Donc tu dois mettre en doute tout résultat scientifique qui contredit les solutions techniques que tu adopteras pour alimenter le Système. Bien sûr, à long terme, quand tu auras épuisé toutes les options chères et inefficaces, tu seras bien obligé de suivre la préconisation des scientifiques, mais avec de la chance, tu auras déjà bien contribué au Système. Il est même probable que les options techniques viables préconisées dès le départ ne soient plus opérantes à ce moment-là, après tant de tergiversations, ou alors, à un coût beaucoup plus élevé, ce qui est bon pour le Système. Dans le chapitre suivant, je te présenterai comment purger utilement un service technique de toute compétence scientifique réelle.

METHODOLOGIE RH
(RESSOURCES HUMAINES)

Pour mettre en place le Système, la structuration de ton service technique est essentielle. Pour cela, tu dois mettre les bonnes personnes aux bons endroits. Le but est de faire en sorte que l'on passe un maximum de commandes publiques autour de problématiques données, sans les régler trop vite, et si possible en créant d'autres problèmes, tout en essayant notamment de diminuer si possible la masse salariale au profit d'une augmentation de la commande publique. Tu dois d'abord savoir à quel type d'ingénieurs ou cadre technique tu as à faire. J'ai identifié trois types:

L'ingénieur incompétent, ou qui fait semblant de l'être. Soit il est réellement incompétent dans le domaine qui nous intéresse, soit il est trop timoré pour prendre des responsabilités, soit il est paresseux. Ce type d'ingénieur peut avoir son utilité, puisqu'il sera enclin à déléguer à des prestataires son travail, en arbitrant pour des solutions techniques chères, et surtout qui ne régleront rien. Finalement, il va alimenter Système tout seul, si tout se passe bien.

L'ingénieur intelligent mais initié au Système. L'idéal! Il a compris et assimilé le principe exposé aux chapitres précédents. Il sait que chaque année il doit augmenter le budget qui lui est alloué. Il sait trouver les options techniques le plus «faiblement efficaces». Il sait développer un argumentaire scientifique pour qu'elles soient incontournables. Et surtout il sait faire déraper un budget. Il sait complexifier un dossier technique pour pouvoir obtenir une rallonge de 50% sur le coût des travaux, par exemple. C'est ce type d'ingénieur que tu dois promouvoir. Au fur et à mesure de l'avancée de sa carrière, il aura plus de responsabilité, donc plus de budget, et il pourra ainsi alimenter de plus en plus le Système grâce à son expérience. Dans cette catégorie, l'élite est constituée de ceux qui sont en fin de carrière. Dans les cinq ans qui précèdent leur départ à la retraite, fort de leur expérience du Système, ils se permettent tout, et n'ont pas peur de leur responsabilité en cas de malversation, puisque quand bien même cette responsabilité est établie, d'ici qu'ils soient inquiétés par la Justice, ils seront à la retraite. Ils n'ont donc aucun complexe à appliquer le Système et en sont certainement les meilleurs applicateurs. C'est même avec un grand plaisir qu'ils joueront les prolongations. Inconvénient, ils ne se contenteront pas d'être payés avec une promotion, ils vont demander un pourcentage de l'argent détourné. Mais crois-moi, avec ces cadors, le jeu en vaut la chandelle.

L'ingénieur idéaliste qui refuse ou ignore le Système. Il aura la fâcheuse tendance à faire son travail d'ingénieur, au lieu de faire appel à des prestataires extérieurs. Expert dans son domaine, il trouvera les solutions les plus efficaces, pour un coût maîtrisé. Autant dire que celui-là ne doit pas progresser dans sa carrière, tu comprendras pourquoi. Tu dois essayer d'en débarrasser la Fonction publique au plus vite, qu'il aille faire le prof sous-payé ailleurs s'il veut. Sa place n'est pas dans l'Administration. Ici, il faut éviter que des experts s'installent sur le long terme. C'est bien sûr, et malheureusement, dans ces ingénieurs de ce troisième type que malheureusement ces derniers se recrutent le plus. Mais ils paralysent le Système par leur prêche pour des solutions avantageuses et efficaces, et leur argumentation scientifique est difficilement attaquable. Il faut tout faire pour les écarter. De manière générale, il faut tenir un discours officiel comme quoi il faut développer les compétences, qui sont surtout celles pouvant alimenter le Système, tout en évitant de valoriser le savoir-faire ou l'expertise, la compétence principale étant l'organisation de marchés publics.

Une fois que tu as catégorisé chaque ingénieur à la tête de chaque cellule du service technique que tu as à gérer, tu dois faire en sorte qu'un maximum de ces cellules alimente le Système. Pour les ingénieurs des deux premiers types, pas de problème. Mais comment convertir une cellule managée par un ingénieur du troisième type? Et bien c'est simple, tu dois jouer sur l'aspiration qu'à chaque fonctionnaire vouloir travailler moins. Dans chaque service technique, normalement, il y a des tâches secondaires qui ne sont pas assurées, et généralement qui n'apportent rien au Système. S'il n'y en a pas, tu les inventes. Ces tâches, tu les enlèves des cellules gérées par les ingénieurs de deux premiers types, pour charger celles gérées par un ingénieur du troisième type. Au bout d'un certain temps, à vouloir tout assurer lui-même, il sera surchargé. Plusieurs cas peuvent se présenter: Soit c'est à ce moment-là qu'il comprend l'intérêt qu'il a à adhérer au Système, notamment en passant des commandes publiques pour que le privé fasse son travail d'ingénieur. Soit, il ne comprend pas, et alors il faut faire en sorte qu'il s'en aille. Sans trop insister, tu glisses une remarque à droite à gauche sur son incompétence à réaliser les tâches qui lui sont allouées, et tu lui demandes plus de tâches immédiates (rapport pour demain, plus de demandes par e-mail, et surtout des trucs inutiles) jusqu'à ce qu'il s'en aille (mutation, voire burn-out s'il ne veut pas partir). S'il s'accroche, comme il peut arriver que ce type d'agent se rebiffe et se plaigne, la Psychologie moderne permet d'argumenter en sa défaveur; c'est une personne «toxique» qu'il faut éviter de fréquenter et dont il faut se débarrasser.

Au final, pour préparer ton service technique, tu dois faire en sorte qu'il ne reste plus que des ingénieurs soit incompétents, soit qui font semblant de l'être, soit qui sont initiés au Système. Tu dois le purger de tout savoir-faire ou expertise interne. Si le service technique que tu gères est très volumineux, pour réaliser cette purge rapidement, une bonne méthode est aussi la «bull-shitisation» de celui-ci: Dans un premier temps, tu constates que «le Service mérite de mieux fonctionner, eu égard aux missions qui lui sont confiées». Ensuite tu fais une campagne d'audit; tu demandes à un prestataire privé d'analyser le fonctionnement de ton service technique et de proposer des options pour en améliorer le fonctionnent. Par derrière, tu lui dis clairement ce que tu attends de lui: réorientation de telles tâches vers telles divisions du service, éventuellement faire appel au partenariat public-privé, en fait faire en sorte que tous les ingénieurs compétents cessent leurs activités stratégiques comme décrit plus haut. Comme c'est les deniers publics que tu gères qui vont rémunérer le prestataire, tu peux lui faire dire ce que tu veux dans la conclusion de son rapport. Et bien sûr, profiter de cette prestation intellectuelle donnée au privé pour alimenter le Système.

Au fil des années, nous avons développé dans l'Administration, un fonctionnement RH favorable au Système. La règle principale de ce fonctionnement est qu'un cadre, qu'il soit technique ou pas, doit changer de poste tous les trois à quatre ans. Cela a deux avantages: d'une part cela réduit la responsabilité individuelle des cadres. Dans les rares ces où ils sont inquiétés, «c'est la faute de mon prédécesseur» qui pourra dire, si jamais on remonte jusqu'à lui, «c'est mon successeur qui a mal repris mes dossiers». Tu crées ainsi une chaîne de responsabilité tellement diluée, que plus personne n'est responsable. D'autre part, chaque cadre est transposable, et n'ayant pas le temps de devenir expert dans le domaine du service technique auquel il est affecté, il aura naturellement tendance à confier l'expertise qu'il n'a pas, à des prestataires extérieurs. A toute personne de ce petit monde, on fait bien comprendre que pour progresser dans sa carrière, il faut muter régulièrement. Un des avantages de cette posture pour le Système, est qu'en cas de malversation constatée, on va rarement poursuivre quelqu'un qui a quitté le service, ni quelqu'un qui y est depuis peu de temps; bref, on dilue la responsabilité. En outre, on sait aujourd'hui grâce au monde de l'entreprise, qu'un taux de rotation du personnel important, implique des coûts induits plus élevés, de mauvaises relations internes et surtout une baisse de l'efficacité de l'entreprise. Il faut donc garder dans l'Administration, un tel schéma de fonctionnement RH basé sur le turn-over, car tout ce qui nuit à son efficacité profite au Système.

Pour compléter cette méthode, je te révèle une astuce qui permet de bien ordonnancer ton service technique pro-Système: Fais en sorte qu'un maximum de tes collaborateurs soit bénéficiaire du piston. Un ingénieur recruté au mérite sera moins à même de mouiller sa chemise en travaillant à la limite de la légalité pour que soit détourné «proprement» l'argent public. Il faudra bloquer sa carrière, qu'il aille voir ailleurs s'il veut rester honnête. A l'opposé, un pseudo-ingénieur, qui n'a jamais fait d'études scientifiques, qui n'a obtenu son titre que par la complaisance de quelqu'un de haut placé, est la cheville ouvrière idéale pour faire fonctionner le Système. Il sait assez à qui il doit son titre et sa promotion, pour comprendre que la vie professionnelle n'est ni une question de mérite, ni une question d'honnêteté intellectuelle. Plus il est pistonné, plus il sera soumis au Système. Lui, il faudra faire en sorte qu'il évolue rapidement et sûrement dans l'échelle hiérarchique. L'augmentation de salaire est sa manière de bénéficier du Système. C'est Win-Win (sauf pour le contribuable bien-sûr…).

L'idéal pour le recrutement de telles personnes, c'est ce qui se faisait à une époque, et qui malheureusement aujourd'hui est beaucoup plus difficile, c'est de recruter dans le Milieu, la Pègre si tu préfères. Là on y trouvait des individus sans scrupules, prêts à tout pour détourner une poignée d'oseille de plus, et surtout, avec une discrétion à toute épreuve. On recrutait parmi ceux qui bien sûr qui n'avait pas encore été pris par la Justice. Ils y trouvaient leur compte, parce que çà leur permettait de «se ranger» dans une activité «légale». Aujourd'hui, pour faire ce boulot, on l'a vu, on se contente de prendre de futurs retraités sans scrupules. Ça marche presque aussi bien. Autre vivier pour recruter des agents «Système compatible»: des cadres qui viennent d'entreprises privées qui ont bénéficié de la commande publique. Ils sont déjà initiés aux rouages du Système. C'est aussi une façon de les récompenser.

D'ailleurs la hiérarchisation officielle reflète bien cette politique RH que je t'ai exposé. Les cadres sont classés selon les lettres A, B, C et cetera. Normalement un cadre qui est initié au Système est celui qu'on nomme un «cadre A+». Et le Système ne doit pas concerner les autres catégories, il doit rester l'apanage des cadres A+. Les autres doivent travailler pour le Système, mais sans le savoir.

Tu l'as compris, l'entretien pour recruter tes collaborateurs est primordial. Pour recruter des agents «Système-friendly», ton travail sera de détecter les personnes qui devront le plus possible leur réussite à des appuis extérieurs et le moins possible à leur talent. Un bon vivier est constitué des fils de bonne famille qui n'ont jamais rien su faire. Lors des entretiens des candidats, si tu ne les connais pas, renseigne-toi sur leur famille, s'il n'y a pas quelqu'un de haut placé, ou quelqu'un de bien en vue médiatiquement. Plus question de recruter des talents «dans les quartiers» comme on dit, tu n'y trouveras aucun retour. Petit indice : dans les CV, si un candidat a eu un emploi au Mac-Do, poubelle!

Alors me diras-tu, les concours? Ces fameux concours de recrutement dans l'Administration, qui doivent garantir l'égalité des chances, surtout dans la filière technique (les ingénieurs et techniciens). Mais ne t'inquiète pas, pour le recrutement des petites mains du Système, les cadre A et surtout les cadres A+, grâce au concours, nous avons porté à une échelle industrielle ce que j'ai exposé plus haut sur comment tu dois appréhender l'entretien d'embauche. C'est tout simple, on a introduit dans le concours, aussi technique soit-il, un entretien avec le jury, type Grand Oral de l'ENA, pour pouvoir choisir qui l'on veut. Ce Grand Oral est l'institutionnalisation du Piston. Même dans un concours d'ingénieur, le coefficient de cet entretien est supérieur à tous les autres réunis. Ce qui permet d'écarter même ceux qui ont eu de bonnes notes à l'écrit, des gens qu'il faut éviter d'intégrer au Système, qui risquent de le pourrir par leur intégrité ou leur talent. Comme je te l'ai déjà dit, qu'ils aillent faire les profs ailleurs. Je te rappelle que, plus un agent est pistonné, moins il aura de scrupules à servir le Système.

Au final, on a instauré une forme de sélection naturelle, dans laquelle le sommet de la pyramide des fonctionnaires est occupé par des agents lavés de tout scrupule, prêts à tout pour nous servir. Comme je te l'ai dit, pour les fonctionnaires qui veulent du recrutement et de l'avancement au mérite ou à l'ancienneté, il leur reste à aller faire une carrière dans l'enseignement. D'ailleurs, ça ne durera pas. Il faut absolument que dans les années qui viennent, même les profs soient nommés et avancés au piston, qu'on comprenne bien que c'est le politique qui a le pouvoir, pas le mérite. Après tout, payer des profs, c'est de l'argent en pure perte; ça ne rapporte rien au Système. Mais c'est une autre histoire…

L'avenir peut être encore plus prometteur. On est en train d'imaginer, et même d'initier une externalisation complète des Services Techniques. Quand la réglementation le permettra, On pourra se débarrasser de tout le personnel technique, pour faire faire tout le boulot par le Privé. Jusque quelques énarques pour superviser le montage et récolter l'argent public; sur les travaux qu'auront commandés les prestataires de service que l'on aura missionné pour remplacer les Services Techniques, et qui choisiront les entreprises la plus favorables sans mise en concurrence, car affranchies du Code des marchés publics, qui à leur tour nous reverseront une partie de leur gras émoluments, qui sont bien supérieurs à la récupération de la masse salariale du personnel technique qu'on aura viré. Une sorte d'automatisation du Système, qui aura encore acquis une meilleure performance.

Donc à terme, il faudra que tout ce qui est encore géré par des régies de fonctionnaire, soit fait par des prestataires extérieurs. Quand tu convertis une telle régie qui consacre tant d'heures pour une tâche, tu dois faire en sorte que le prestataire privé te facture au moins deux fois plus d'heures, à un tarif horaire double de celui correspondant au salaire des fonctionnaires. On obtient ainsi un «facteur quatre». Comme je l'ai dit plus haut, pour les prestations intellectuelles, il n'y a pas de limite de rétro-commission. Là, tu fais au moins 80% de gras.

ET LES SERVICES ADMINISTRATIFS?

Il se peut que tu ne sois pas affecté à un service technique, mais dans un service administratif. C'est sûr, c'est beaucoup moins profitable au Système, mais tu peux quand même y œuvrer de manière indirecte. En fait, les services administratifs ont aussi un budget. Mais comme il est difficile d'appliquer le Système, il faut essayer d'œuvrer pour faire baisser ces budgets au profit de budgets plus favorables au Système. Pleins d'opportunités s'offrent à toi. Par exemple, si tu dépenses moins de 100 000 euros dans de la communication (par commande publique si tu peux) tu peux économiser plus d'un million d'euros d'un budget social (ce «pognon de dingue» !). Cette économie, une fois réalisée, peut être réaffectée à la commande publique... Autre rôle des services purement administratifs: couvrir juridiquement le Système. Aujourd'hui, le monde politique est en marche pour favoriser le Système. Un des effets les plus visibles de cette évolution, est le démantèlement progressif de la Justice, et surtout la dépénalisation de toute forme de malversation qui pourrait toucher les décideurs. Il faut aussi veiller à développer un maximum de délinquance violente pour faire diversion; en effet, si on viole et on tue en bas de chez l'administré, détourner quelques millions, quand bien même ça se sache, ne passera que pour un petit délit sans importance.

N'oublie pas non plus que, dans certaines administrations, des services administratifs assurent le recrutement, dont tu as compris l'importance précédemment. Et le piston est le maître mot. Il est nécessaire, et non pas seulement pour le recrutement et la promotion, mais à tous les niveaux de la vie des administrés. L'idéal, c'est que chaque administré doit faire appel à son élu, même pour bénéficier du minimum auquel il a droit. Pourquoi? Mais parce que chacun doit sentir que l'élu doit rester indispensable. Sur le terrain, le service administratif doit s'assurer que ce minimum indispensable reste inaccessible sans l'intervention de l'édile. Le but est aussi de se faire de partisans, ceux qui ont bénéficié de ce qui peut être considéré aujourd'hui comme des «largesses», et qu'on appelait avant «le minimum syndical». Mais ça va se voir me diras-tu? Ne t'inquiète pas, comme pour le recrutement ou la promotion «au choix», les bénéficiaires du piston ne le crient pas sur les toits. Quand bien même un administré a le droit à un minimum que lui garantit la loi, il faut toujours le forcer à quémander ce minimum légal, et toi tu dois toujours donner l'impression que tu lui rends gracieusement un service.

Dernières pépites pour finir, les services administratifs en charge des subventions aux associations. Comme la décision de versement est totalement à la discrétion de l'Administration, chaque association te proposera d'elle-même le rétro-financement, çà peut être une condition de survie pour elle. On peut s'arranger pour que jusqu'à la moitié de cette manne soit reversée au Système. Tu peux même aller jusqu'à demander à des copains de créer des ONG ad-hoc pour capter une bonne partie de ce budget subvention.

LAISSER POURRIR LES SITUATIONS POUR SE FAIRE DESIRER

Tu l'auras compris, ton meilleur allié dans l'implantation du Système, est le dysfonctionnement des services publics. Donc, tout en l'accompagnant d'un discours bien rôdé sur l'efficacité, la continuité, le savoir-faire du Service public, tu dois œuvrer à saboter le travail, tant qu'il est réalisé par des fonctionnaires, pour, qu'à terme, ce travail soit réalisé par des prestataires privés.

Quand tu prends ton poste dans un service, si possible technique, la première chose est de repérer les divisions qui produisent et celles qui ne produisent rien ou que de l'inutile. Ensuite, lentement tu renforces en budget et en effectifs celles qui produisent le moins pour affaiblir en budget ou en effectifs celles qui produisent le plus. Accompagne ces actions par un discours classique sur les restrictions budgétaires, «les temps sont durs» et cetera. Après tu attends que les dysfonctionnements graves arrivent. Bref, tu laisses pourrir. Au bout d'un certain temps, le besoin d'amélioration devient flagrant. Commence progressivement à te plaindre haut et fort à ta hiérarchie. Au bout d'un moment, elle finira par débloquer des fonds. C'est là qu'il faudra proposer de basculer les tâches essentielles en prestations privées.

En amont, une bonne partie de ton boulot sera d'anticiper des problèmes futurs qui pourraient devenir graves. Mais surtout garde çà pour toi. Imagine que tu fasses ce qu'il faut pour prévenir cette problématique en amont, et que tu mettes en œuvre les actions nécessaires pour anticiper et éviter que ce problème arrive, avec les moyens du bord. Et bien tu n'en retireras aucune gloire, tu resteras dans l'ombre et surtout tu ne tireras aucun profit pour le Système. Crois-moi, il vaut mieux guérir que prévenir! Donc tu ne dois pas réagir pour prévenir ces problèmes. Au contraire, tu dois œuvrer discrètement pour en aggraver les conséquences. Une fois que la situation devient «ingérable», là il faut envisager une amélioration par le développement d'un partenariat avec le privé. Attention au timing. Plus tu attendras, plus le dysfonctionnement aura des conséquences graves et plus tu pourras en tirer profit sonnant et trébuchant. Bien sûr si dans ce cadre, plusieurs options s'offrent à toi, classe-les selon leur coût et leur efficacité. Tu commences bien sûr par appliquer les options les plus chères et les moins efficaces. Une fois constatée l'inefficacité relative de l'option appliquée, passe à la suivante, et ainsi de suite.

Souviens-toi de cette maxime: «On ne finance que les causes perdues».

La structuration actuelle de l'Administration doit aussi favoriser ces dysfonctionnements. Aujourd'hui, dans le secteur privé, on constate la mise en place, même dans les grandes multinationales, d'une structure «par réseau», adoptée dans un souci d'efficacité. On y voit autant de petites structures plus ou moins autonomes dans leur gestion. Le siège central se contente de constater les résultats et éventuellement de définir les grandes lignes. Et bien dans l'Administration, il faut faire tout le contraire. Il faut tout centraliser. «Re-centraliser» je dirais même. Plus c'est centralisé, moins c'est efficace. Dans ce genre de structuration, les décisions sont prises loin du terrain, et généralement elles se font attendre… quand elles sont prises. Les taches y sont très mal réparties. Des services seront complètement désœuvrés, d'autres à la limite du burn-out. Tout cela crée un terreau bien fertile pour le Système.

Autre façon d'œuvrer pour le Système, s'arranger pour envoyer un maximum d'agents administratifs vers les services techniques. A terme, il faut qu'il y ait plus d'agents administratifs que d'agents techniques dans les services techniques. Et c'est assez facile. Une fois les administratifs dans la place, ils savent très bien se reproduire. Chaque agent administratif sait se plaindre pour augmenter les effectifs, et l'encadrement, généralement des énarques comme moi, sait très bien entendre et satisfaire ces requêtes. Quant aux agents techniques en souffrance, ils ne savent de toute façon pas se plaindre, et ne sont pas écoutés des énarques. Et il n'y a rien de mieux pour torpiller un service technique que de le submerger d'administratifs. Ils savent très bien alourdir les procédures, réduire les budgets les plus utiles, voire se retrouver à la place des ingénieurs pour prendre les «bonnes» décisions à leur place, décisions qui doivent en fait être le plus ineptes possible. Les administratifs ne sont pas là pour soulager les agents techniques du travail administratif, mais, au contraire, pour les submerger de travail administratif, histoire qu'ils ne fassent plus correctement leur travail technique. Ils doivent rendre le service, qu'il soit technique ou pas, le plus lourd, le plus cher et le plus inefficace possible. En outre, étant incapables de monter un projet de manière efficiente, les agents administratifs sont bien plus apte de faire appel au privé, sans vraiment connaître les dossiers qu'ils gèrent. Du coup, le dérapage budgétaire est assuré. Tu comprends, un administratif, quand l'ampoule de sa lampe de bureau grille accidentellement, il sait faire appel à un électricien privé pour la changer… Finalement, ne reste plus qu'à privatiser le service, et on vire les agents techniques, sans, bien sûr, toucher aux administratifs, sensé contrôler le privé. Un exemple? Regarde les hôpitaux publics. Depuis les années 90, il y a plus de personnel administratif que de personnel soignant. Et ça marche mieux? Heureusement non… Une fois que les hôpitaux publics seront plantés, l'Hôpital privé deviendra incontournable.

PYRAMIDE

Le Système structure toute la chaine de décision de la fonction publique. Chaque maillon est un cadre dont le seul travail est de «sentir» ce que veut son supérieur hiérarchique. Ses seules initiatives doivent être de réaliser ce qui est dans la logique d'intérêt de son supérieur, qu'il doit comprendre, si possible sans qu'on ait à la lui expliquer. Tout le reste, il doit laisser tomber, éventuellement déléguer, notamment pour les affaires courantes. Si jamais un des tes subordonnées prend une initiative contraire à ta logique, qu'elle soit dans l'intérêt commun, mais surtout qu'elle nuise au Système, alors il faudra prendre soin de l'écarter selon les méthodes développées dans les deux chapitres précédents. Il en est de même pour toute affaire qui ne présente pas un intérêt direct ou indirect pour toi. Exemple: toute demande d'un citoyen ne résidant pas dans ta circonscription ou ta juridiction de compétence, tout travail ou prestation extérieure ne permettant pas d'alimenter le Système ou toute initiative visant à huiler réellement les rouages de l'administration, doivent être écartés.

Ainsi l'Administration doit rester ce qu'elle est, une pyramide de lèche-culs incompétents (au moins en apparence), attentifs à l'intérêt de leur supérieur, à la tête de laquelle trône le dirigent suprême; Président de la République, Maire et cetera. L'initiative ne doit partir que de lui, et de lui seul. L'exécution de cette initiative doit suivre la voie hiérarchique. Comme il se doit, elle sera dévoyée si besoin, voire même rendu inefficace ou contre-productive si c'est dans l'intérêt du Système, et surtout la plus chère possible en matière de commande publique. Toute initiative doit se traduire par une dégradation du fonctionnement, et à cela une bonne raison: Si les choses empirent, il en émanera une nouvelle volonté de réforme, qui sera mise en œuvre, une fois que le décideur suprême l'aura lancé, ce qui pérennise chaque maillon de la chaîne hiérarchique, et garantit un coût croissant de l'Administration.

L'Administration, qui doit être le reflet du pays, doit rester cette structure monarchique, chère et inefficace, mais constituée du meilleur terreau pour le Système.

Aussi la chaîne hiérarchique, je le rappelle, doit être la plus longue possible, pour ainsi diluer au maximum la responsabilité, qu'elle soit civile, pénale ou même morale de chacun de ses maillons. Il convient aussi de cloisonner au maximum les services, qu'ils évitent de travailler ensemble en se répartissant les tâches. Ils doivent ainsi tout faire dans leur coin sans l'aide des autres. Le travail est ainsi mal fait en interne, et le service doit plutôt faire appel au privé plutôt que de faire appel au savoir-faire d'autres services. Dans l'organisation de ton service, tu dois éviter à tout prix la transparence - même les autres services ne doivent pas comprendre commun ton service fonctionne, alors les citoyens...

Au fil des années, c'est même la gouvernance du pays qui s'est développée pour alimenter le Système. On a créé un magnifique Mille-feuille. En haut l'État, avec son Administration bien centralisée et d'apparence inefficace, avec ses excroissances; agences, offices, régies, commissions plus ou moins Théodule, qui sont autant de petits états dans l'État. Et ensuite, les collectivités territoriales; les communes, les communautés de communes, les départements et les régions. Quand on crée une nouvelle couche, on fait croire que ça va se simplifier, mais non, ça ne se simplifie jamais. Il ne faut pas que ça se simplifie. Les compétences doivent se transférer d'une couche à l'autre, mais que partiellement. L'idéal, pour un domaine technique donné, est que chaque couche garde une partie de la compétence sur ce domaine. Comme çà, chacun développe le Système tranquillement dans son coin. Les prestations et les travaux peuvent être commandés plusieurs fois. C'est le premier objectif du Mille-feuille. Le second objectif, c'est de créer une aristocratie de la République dont nous faisons partie tous les deux. Toutes ces strates ont besoin d'être encadrées par des politiques et des cadres A+, et doivent les faire vivre, bien vivre. Bien sûr, les salaires de haut fonctionnaire liés à ces postes sont trop bas et le Système permet alors d'avoir un revenu correct.

QUELS EFFECTIFS AFFECTER AU SYSTEME?

La réponse est le moins possible et le plus possible. En fait, dans l'idéal, tu dois organiser les services en divisant les fonctionnaires en deux catégories: Ceux qui travaillent pour le système inconsciemment, et ceux qui travaille pour le système consciemment. Cette dernière catégorie, les «affranchis», dont tu feras partie bien sûr, peut ne représenter qu'un pour cent des effectifs, guère plus. Nous sommes l'huile dans les rouages, les organisateurs, et surtout ceux qui définissent les grandes orientations de la politique d'investissement. Dans notre démarche organisationnelle, on doit faire en sorte que les autres fonctionnaires, les «non-affranchis» travaillent pour le Système sans le savoir; ne serait-ce par exemple pour rendre les opérations profitables au Système, conformes: Mise en forme des programmes d'investissement, passation et suivi des marchés publics, conduite des travaux, comptabilité et cetera. Tous ces agents ne doivent avoir forcément conscience du Système. Eux, ils travaillent dans l'écrit. Les affranchis travaillent dans l'oral strict, au moins sur le territoire national. Les seuls écrits concernent les comptes bancaires off-shore. Tout doit être fait en parallèle et en sous-main; les grandes orientations vers des solutions représentant des dépenses plus significatives, la négociation avec les entreprises adjudicataires du pourcentage réservé au Système, le moyen de paiement et cetera. Petit conseil: Les affranchis qui gèrent cette face cachée du Système, n'ont même pas besoin de faire partie du service «donneur d'ordre», ils peuvent aussi être affectés dans de lointains services purement administratifs par exemple, hors de tout lien officiel avec le service «donneur d'ordre». De toute façon, comme rien n'est vraiment officiel, il n'y a pas vraiment besoin de lien hiérarchique réel entre l'affranchi et les exécutants non-affranchis.

GESTICULATION – SURTOUT SI ÇA COUTE CHER

Pour que le Système fonctionne durablement, à l'abri des regards, il faut, paradoxalement, rester sur le devant de la scène, avec une posture visible qui montre qu'on est actif. J'appelle çà la «Gesticulation». D'aucun appelle çà la Communication. Cela consiste à prendre une cause bien compréhensible par tous, et faire croire que tous nos actes vont dans ce sens, sachant que ces actes doivent alimenter le Système. C'est n'est que son «habillage».

Un bon exemple est le Développement Durable, dans lequel toutes les administrations techniques se sont engouffrées aujourd'hui. Les solutions techniques durables sont celles qui permettent de préserver l'environnement et le social pour un coût modique, pour répondre à une problématique donnée. En général, ce sont des options préconisées par le consensus scientifique et qui marchent bien. Donc tu l'auras compris, ce sont les solutions à éviter. A long terme, tu pourras les adopter, tu y seras peut-être obligé un jour, mais pas avant d'avoir épuisé ou testé toutes les options les plus chères, les plus inefficaces et le plus polluantes.

Mais alors, le Développement Durable doit être négligé? Mais pas du tout, il doit être la priorité du service communication, et uniquement du service communication. Ce service doit faire quatre choses:

Premièrement, trouver quelques thèmes qui sonnent «Développement Durable», et qui ont une bonne résonnance dans le sous-Peuple. C'est assez facile, il n'est finalement que très peu éduqué à cette problématique. Les mairies savent bien s'y prendre. C'est l'écologie «petites fleurs»; un espace vert par-ci, une pelouse par-là. Le service communication doit monter ces actions, même dérisoires, sur un piédestal. Tout ce qui marche, ou toute amélioration potentielle, doit être montré à la télévision ou dans les autres médias, même si sur le terrain, Dieu merci, ça ne marche pas aussi bien. Les domaines où le Développement Durable est un enjeu comme la gestion des ordures, l'assainissement, la pollution de l'air et cetera, ne doivent, a priori, surtout pas être abordés. De toute façon le sous-Peuple n'y connait rien.

Deuxièmement, quand on paye des millions sur des marchés publics, le service communication doit faire ressortir la «durabilité» de ces achats, faire savoir que l'on dépense des millions pour leur bien-être et la Nature. La Presse est une bonne aide pour ça. En France, leur compétence scientifique étant inversement proportionnelle à leur audience, on peut donc leur faire confiance pour écrire n'importe quoi sur la «durabilité» des actions adoptées par l'Administration. En fait, la communication autour du Développement Durable sert à préserver ce qui est essentiel pour le Système; tout ce qui coûte cher et qui pollue.

Troisièmement, dans le débat sur l'adoption de nouvelles solutions plus durables versus les solutions utilisées dans le passé, tu pourras éventuellement être appelé à trancher pour des solutions de compromis, des solutions transitoires, qui sont censés satisfaire le plus grand nombre. Et bien, tu dois choisir ces solutions pour qu'elles soient le plus chère possible, qu'elles ne résolvent rien et que si possible, elles soient pires que les solutions classiques.

Quatrièmement, bien sûr, quand on finit par être obligé, après moult errements et gesticulation, d'adopter les options vraiment durables, communiquer un maximum dessus en laissant croire que c'est ce qu'on a toujours voulu faire. Tu peux aussi faire en sorte que quand tu cèdes sur une contrainte écologique, comme quelque chose qui a un bon impact médiatique, tu recules sur neuf autres problématiques en adoptant des solutions plus chères et plus polluantes.

Comme la plupart des mesures prises en faveur du Système sont anti-environnementales, tu vois à quel point la communication environnementale est importante. Et la plus importante des actions de communication est d'inoculer dans les services comme dans le public, l'idée selon laquelle les mesures prises en faveur de l'environnement sont plus chères que celles prises contre l'environnement, alors que dans la réalité, dans la grande majorité des cas, c'est le contraire. Dans un premier temps, cette idée reçue permettra de continuer de mettre en œuvre des actions polluantes plus chères et surtout qui vont empirer au maximum la situation. Dans un deuxième temps, on pourra justifier que les actions prises pour remédier à cette situation qui désormais sera irrémédiable, sont des actions encore plus chères à adopter.

Dernier argument: si tu te trouves en difficulté pour adopter des travaux ou des prestations chères, qui peuvent paraitre inutiles, adopte cette attitude : ce que tu fais, c'est bon pour l'économie et surtout contre le chômage. Tant pis si c'est mauvais pour la planète. Si ça ne passe pas, je te fais part de cette recette : Mettons que tu as un projet écologiquement contestable. Il existe des certifications environnementales comme HQE, LEED ou BREEAM. Ça consiste à donner une certaine somme d'argent à un bureau d'étude, pour rendre n'importe quel projet écologique, en cherchant quelques points positifs, et en passant sous silence ceux négatifs. Un super business… Personne ne va contester l'expertise d'un bureau d'étude spécialisé en environnement. C'est l'effet Barnum. Et bien sûr, moins ton projet est écologique, plus cette prestation coûte cher. Comme on l'a vu, pour les prestations intellectuelles comme celle-ci, le retour au Système peut être maximal. Tu as donc intérêt à avoir un projet bien pourri pour que cette certification coûte le plus cher possible, pour rendre ce projet vertueux.

Le but de la gesticulation, c'est de convaincre. C'est essentiel dans notre pays. C'est la seule chose que l'on demande à un homme politique ou à un cadre de la haute fonction publique. Lorsqu'un Président, un ministre, un maire a fait son intervention publique, la presse se demande «a-t-il été convaincant?». On pourrait aussi se demander, «va-t-il relancer l'économie?», «réduire le chômage?», ou «résoudre tel ou tel problème de notre quotidien?» Mais non, laissons çà aux chanceliers allemands! Ici, il faut juste être «convaincant». Tu vois l'importance de la communication.

Une dernière astuce, pour faire durer le problème, sans vraiment risquer le scandale: Ne suis pas les avis des experts, mais plutôt celui de l'opinion publique, surtout si celle-ci est basée sur des peurs irrationnelles. D'ailleurs si au départ un problème donné ne fait l'objet que d'une querelle d'experts, et que le public ignore cette problématique, ignore-la aussi, au moins jusqu'à ce que le problème devienne grave et ait finalement un impact sur l'opinion. Si tu ne respectes pas ce timing, tu vas te fatiguer à régler un problème qui ne gêne personne, en risquant, en essayer de le régler, de gêner plein de monde. Au bilan, tu te seras rendu impopulaire, à régler une problématique que personne ne subissait.

DIVERSION

Pour pouvoir protéger la Système, on doit mettre en place un certain nombre d'objet de diversion. On va voir plus loin l'intérêt de développer des vérités scientifiques relatives ou alternatives. Dans ce chapitre je vais développer trois exemples:

Les militants sont les plus utiles de nos alliés. Tu n'as qu'à les alimenter d'un discours tout fait, contenant un minimum de cohérence, mais facile à retenir, et ils en vont faire le relai en le répétant à outrance, jusqu'à ce que ce discours devienne la normalité. Ce discours, qu'il soit l'extension de notre politique de communication, des vérités alternatives ou de grosses diversions, servira à cristalliser un besoin qui conduira à justifier une dépense, ou à masquer des dépenses qui pourraient choquer en faisant diversion en insistant sur les éléments vraiment positifs. Le militant va aussi se faire ton avocat en cas de problème juridique qui pourrait altérer le fonctionnement du Système, et il n'est jamais en cours d'argument: «c'est de la calomnie», «c'est de l'acharnement juridique ou médiatique», «Ils font tous çà, pourquoi pas mon parti», «c'est négligeable comparé à tout ce qu'il a construit», «c'est compliqué», «tout n'est pas si simple» et cetera. Et le mieux, c'est que ce travail que le militant convaincant met en application, est complètement gratuit. Et surtout souviens toi que, finalement, plus on détourne d'argent, plus ils nous aiment.

Le Complotisme permet de faire une bonne diversion. Répandre l'idée saugrenue qu'un groupe de personne, dans la réalité, complètement inoffensif, essaye de dominer le monde de façon souterraine, permet d'occuper les esprits par des idées romanesques, bien loin de la réalité bien prosaïque du Système qui finalement est sous le regard de tous (travaux, dépenses et cetera.). Dernier atout de la diffusion du Complotisme, son rejet par ceux qui ont un minimum de jugeote, dans la mesure où, si un jour tu es inquiété par la Presse ou par la Justice, tu pourras toujours crier au Complotisme.

Le bouc-émissaire est le pendant du Complotisme, et la «Génésis» du militant. A toi d'en trouver, selon ton orientation politique; les immigrés, les riches, les fonctionnaires, les cyclistes, les automobilistes, les étrangers, les juifs, les francs-maçons, les intellectuels, les scientifiques ou le parti adverse tout simplement… Çà permettra d'une part de cimenter tes militants, et d'autre part de trouver des coupables qui, les vilains, nous obligent à augmenter les dépenses.

De manière générale, on aura toujours intérêt à encourager les peurs dans la Société (peur de l'étranger, du fascisme, du chômage, de l'insécurité et cetera). Elles servent à manipuler le sous-Peuple, mais surtout aussi à faire diversion. Il ne faut pas que les gens s'intéressent trop aux affaires de corruption, donc distrais les avec un bouc-émissaire.

LA GESTION DE CRISE

On dit souvent qu'en France, nous n'avons pas de culture de la crise, et donc peu de résilience en cas de crise. Et c'est très bien comme-çà.

Quand la crise arrive, la plupart des fonctionnaires tournent le dos. «Ça ne fait pas partie de leurs compétences», «ce n'est pas leur affaire», «ils n'ont pas été formé pour ça» et cetera.

En fait, si on règle la crise avec les moyens du bord, pendant la crise, alors on a tout faux. Ça voudrait dire que tu as tous les moyens nécessaires pour la gérer. Du coup, tu ne tireras rien de la crise. Non, la crise doit être réglée après la crise. Pendant la crise, tu dois te mettre en retrait aussi, et inciter tous ceux qui pourraient la gérer à se mettre en retrait aussi. Bien sûr il restera quelques idéalistes qui resteront pour essayer de gérer. Mais avec un peu de chance, ils seront trop peu nombreux et même incompétents. Et surtout, il faut absolument que tu maximises l'impact de la Crise, ne serait-ce que pour attirer l'attention. Une fois la crise passée, tu pourras alors faire des plans de prévention pour les prochaines crises, avec force marchés publics, avec une grosse dépense annuelle, pour bien sûr alimenter le Système.

Mais, me diras tu, lorsque la prochaine crise arrivera, on sera armés pour la gérer, et du coup on ne pourra pas reproduire cette manipulation? Mais ne t'inquiète pas: Chaque crise est différente, et la crise d'après n'aura rien à voir avec celle pour laquelle on a fait nos plans de prévention. Ce sera une crise pour laquelle personne n'est compétent, et qu'il faudra aussi la gérer a posteriori, avec un nouveau plan de prévention adapté.

Pour finir sur ce sujet, je vais te donner les ultimes ficelles dans le cas où tu serais au cœur du service concerné par la crise, service duquel on attendra le règlement de cette crise, et pour lequel il est impossible de tourner le dos. Tu comprendras alors que la crise peut être une très bonne opportunité:

Lors de la crise, le décideur est souvent entouré des meilleurs experts. La plupart te diront ce qu'il faut faire pour régler la crise rapidement et à moindre coût. Mais dans un premier temps tu dois ignorer leurs conseils, au moins tant que la crise n'est pas vraiment installée. Mais comment passer pour quelqu'un censé justement «bien gérer» cette crise. Et là vient l'importance de s'entourer de nombreux experts. Plus ils sont nombreux, plus il y aura de chance qu'il y en ait au moins un qui proposera la mauvaise option; «la crise n'est pas grave», «on sait gérer», «il n'est pas besoin de s'alarmer». Chez les experts, il sera probablement minoritaire. Il se peut même qu'il sache ce que le politique veut entendre, que ce soit un de ces cadors décrit dans le chapitre sur les RH. Le mieux c'est qu'il propose une option la plus inefficiente possible, et encore mieux si elle est la plus chère possible. Pour savoir si cette option est inefficiente et trop cher, il te suffit d'entendre l'avis des autres experts, ceux qui sont compétents et qui donnent les bonnes options. Donc tu prends ta décision politique en suivant ce que dit l'expert «incompétent», le lèche-cul qui a compris ce que tu attendais de lui. Cela aura trois conséquences. Premièrement, si l'option est chère, elle alimentera le Système. Deuxièmement, si elle est vraiment mauvaise, elle aggravera la crise. Et troisièmement, elle te permettra de jouer la montre. En effet, une fois que la crise est vraiment grave, les options à adopter, les bonnes cette fois, préconisées par les «experts compétents», seront moins efficaces et surtout plus chères à appliquer. Tu comprends que dans la crise, le timing a une importance cruciale. L'idéal est que les «bonnes options» qui seront alors assez chères pour alimenter le Système, soient inopérantes lorsque tu les fais appliquer, ce qui conduit à trouver encore d'autres options encore plus chères à appliquer. Bon, finalement, la crise finit par se régler, soit parce qu'on y a jeté une fortune, soit toute seule (généralement les deux). En matière de communication, il faudra bien faire comprendre que c'est bien sûr la première hypothèse qui a mis fin à la crise. En effet, le sous-Peuple considère encore qu'avoir dépensé beaucoup d'argent est un sacrifice pour l'Administration et ses cadres… Au pire, on passe pour des incompétents, au mieux pour des hyperactifs qui ont essayé désespérément les diverses options pour trouver les meilleures. L'ignorance n'est pas un crime, c'est même un des fondements du Système.

Dernier point, la crise peut apporter l'abondance financière à un service, pendant sa durée. Cet argent doit rester dans le Système, et il faut y veiller, quitte à créer une commission Théodule pour s'en assurer, faire en sorte que les fonds soient orientés vers les bonnes entreprises, moyennant notamment des procédures d'attribution accélérées, c'est-à-dire sans concurrence.

QUELQUES EXEMPLES D'AFFAIRES
QUI MARCHENT

Pour illustrer mon propos, tu trouveras dans ce chapitre quelques domaines où le Système marche très fort, à différents niveaux; étatique, régional, départemental, communal et cetera. Cette liste peut être enrichie. L'imagination est reine. Tu ne peux pas imaginer comme le Système développe notre créativité:

Le nucléaire.
Quelle différence y-a-t-il entre un programme nucléaire et un train? Réponse: un train quand il déraille, il finit toujours par s'arrêter.

Le nucléaire, il ne faut pas que ça s'arrête. C'est une énergie qui coûte initialement très chère à développer. Chaque nouveau procédé a une enveloppe prévisionnelle qui est déjà conséquente, mais qui explose avec le temps. Mais c'est aussi une énergie qui coûte très cher à s'en passer. Le démantèlement des centrales, qu'elles soient obsolètes ou impopulaires, va coûter très cher au contribuable. Le maintien des centrales va aussi coûter très cher en entretien.

La communication est très subtile sur ce dossier. On a intérêt à faire passer le nucléaire comme un fantasme d'ingénieur qui entraine des dépenses incontrôlées. Alors qu'en fait la vraie motivation est une surenchère dont le but est justement une dépense croissante et souhaitée.

Dans ce dossier, les ingénieurs ont bien été associés au Système. Ils ont su se rendre indispensables, en compliquant les concepts simples, en les rendant compréhensible par le moins de personnes possible, grâce à leur langage bien hermétique. C'est un bon principe à retenir même pour d'autres dossiers un peu techniques ; Si ça part en cacahouète, ce sera toujours de la faute aux ingénieurs, jamais à l'Administration ou aux politiques, même si on est l'artisan de cet échec.

Les autoroutes.

Durant les Trente glorieuses, on arrivait en France à construire presque une autoroute par an. Aujourd'hui on n'en construit plus. Dès qu'on arrive à mettre sur pied un projet d'autoroute, on assiste à une levée de bouclier des locaux, et le projet est abandonné. Doit-on abandonner? Bien sûr que non, on a quand même de l'argent à dépenser. L'autoroute, même virtuelle, doit être conçue. Et les études de conception d'une autoroute, c'est environ 15% du prix de l'autoroute, donc largement de quoi alimenter le Système… Donc chaque année, il est fortement conseillé de prévoir au moins une autoroute à concevoir.

Les aéroports et leur desserte.

Les aéroports constituent une des plus grosses dépenses qu'on puisse prévoir aujourd'hui, même si comme pour les autoroutes, on doit se consoler en alimentant le Système par les études de conception seulement. Mais laisse-moi pour une fois t'illustrer mon propos par un bel exemple concret: le troisième aéroport de Paris, qui aurait pu être un vrai coup de maître. Tout commence, bien avant qu'on ne parle d'un nouvel aéroport pour Paris, par le Conseil Général du département de la Marne qui veut construire à Vatry un aéroport pour le fret. Une «belle réalisation» comme on dit entre nous. Ça a couté très cher, mais c'est largement sous employé pour le fret, mais on a fini par le construire. Sur ce, arrive le débat sur la nécessité de créer un troisième aéroport pour Paris. Le bon sens aurait voulu que ce soit l'aéroport de Vatry, déjà construit, et qui peut devenir opérationnel pour le transport «passagers» à moindres coût. Mais malheureux, tu n'y penses pas! C'est justement le problème ce «moindre coût»! Si on doit le construire ce troisième aéroport, il faut le construire de A à Z, avec ses études préliminaires, ses études de conception, et ses dérapages budgétaires. On choisit Chaulnes dans le département de la Somme. Malheureusement, çà capote. Mais pour bien rendre désirable le projet d'un troisième aéroport à Paris, on prend bien soin au préalable de détourner le projet de ligne à grande vitesse Est, le plus loin possible de Vatry, des fois qu'il viendrait à l'idée de revenir à cette solution «à moindre coût» et surtout anti-Système.

La sécurité incendie d'un parc immobilier.
Une bonne ficelle que la sécurité incendie d'un parc immobilier que tu as en gestion, qu'il soit industriel, tertiaire ou logement. Chaque année le budget de prévention des incendies est loin d'être négligeable. Mais c'est un budget qui est assez difficile à augmenter, donc plutôt défavorable au développement du Système. L'idée est de subrepticement diminuer le budget global «sécurité incendie» du parc immobilier. Il faut, que dans cette diminution, tu sois à la limite du visible bien sûr. Si nécessaire, tu pourras prétexter un autre budget de fonctionnement urgent à augmenter. C'est un peu long, mais après plusieurs années, statistiquement, la probabilité qu'un incendie grave se déclenche augmentera. Et fatalement, surtout si c'est un parc assez grand, un incendie

destructeur arrivera. Et là bingo! Personne ne pourra te refuser le budget d'investissement de reconstruction; un bon et gros chantier de reconstruction comme on en fait plus aussi souvent aujourd'hui, et dont le prix n'est en commune mesure avec notre petit budget de prévention incendie.

En cas d'inquiétude sur ton action qui aurait pu être considérée comme ayant conduit à l'incendie, pour habiller l'action, il faut gesticuler par des expressions toutes faites et bien utile, comme «Le risque zéro n'existe pas» et cetera. De manière plus générale, tu auras toujours intérêt à baisser les budgets d'entretien, surtout si cet entretien est en régie, car cela oblige à terme à augmenter les budgets d'investissement ou de grosse réparation, qui sont toujours plus élevés, et toujours en marché public... Et des accidents sur les bâtiments dont tu auras négligé l'entretien, seront la meilleure justification pour l'augmentation des budgets d'investissement.

L'entretien différencié d'un parc immobilier.

Si l'extrême de la sécurité incendie t'inquiète, tu peux tirer profit plus sûrement de la gestion d'un parc immobilier, logements sociaux, bureaux, écoles et cetera. Le principe est assez proche, il faut baisser le budget de fonctionnement, pour espérer d'avoir des casses, notamment sur les organes techniques. Les ascenseurs, le chauffage, ou la ventilation en sont de bons exemples. Prenons le cas des ascenseurs. La baisse du budget d'entretien va entraîner des pannes, les utilisateurs vont s'en plaindre, et tu viendras tel le chevalier blanc leur proposer le remplacement des cabines.

Mais quelque fois le problème est moins simple. Il se peut que tes prédécesseurs aient fait trop bien leur boulot, et aient payé (peut-être un peu trop cher) des ascenseurs hyper-fiables. Même une fois que tu as réduit à presque rien le budget d'entretien, ces ascenseurs continuent à fonctionner parfaitement. Double perte pour le Système, tu as réduit la commande en fonctionnement, et la grosse opération d'investissement se fait attendre trop longtemps. Alors là, pas le choix, tu dois passer en force. D'abords fait développer un argumentaire technique crédible; «l'ascenseur n'est plus aux normes, il présente un danger». Qui va vérifier? Personne! Ne t'inquiète pas. Il faudrait vraiment un professionnel des ascenseurs fassent partie des utilisateurs, qui, en plus, soit un râleur vindicatif, ce qui fait une probabilité très basse. Tu fais vite remplacer les ascenseurs, en asseyant de t'arranger avec l'installateur pour qu'il te mette du matériel bien moins faible que ce qu'il y avait auparavant, mais à un prix le plus élevé possible bien sûr. Tu peux par exemple utiliser un marché de fourniture, pose et entretien (généralement limité à cinq ans). Comme çà le prestataire sera heureux de poser des ascenseurs à moindre coût, pour lesquels tu commanderas des dépannages régulièrement pendant les cinq premières années. Et après les cinq ans, tu l'as deviné, il est grand temps d'envisager, une nouvelle fois, le remplacement du matériel, chose que les utilisateurs vont accepter avec joie, étant donné que ce foutu ascenseur tombe en panne tous les quinze jours.

Petit cas pratique: Tu gères un grand parc d'immeubles et tu as un budget entretien-rénovation annuel. Choisit deux de ces immeubles, si possible ceux en meilleur état, et fais en sorte que ces deux immeubles absorbent tout ce budget, ou au moins la plus grande partie. Du coup les autres vont tomber en ruine, et là, tu peux envisager leur démolition-reconstruction, et demander une augmentation du budget pour ton service.

Tu t'apercevras vite que les entreprises de BTP qui travaillent pour l'Administration, savent très bien protéger le Système, c'est-à-dire leur avenir. Elles savent très bien que dans ce cadre, elles ne doivent pas construire des choses trop durables ou solides. Si elles construisaient des ouvrages qui traversent les époques, comme les pyramides d'Égypte, elles se priveraient assez vite de leur travail dans le futur. Tout ce qu'elles construisent doit commencer à se détériorer dans les cinq ans, histoire de demander un gros entretien, voire une reconstruction complète; c'est l'obsolescence programmée du BTP.

Dernière astuce pour récupérer du budget de fonctionnement cette fois: la consommation d'électricité. Aujourd'hui il y a plusieurs fournisseurs d'électricité. Bien sûr, tu dois tendre à choisir le plus cher. Mais en apparence il ne faut pas que cela se voit. Les fournisseurs ont aujourd'hui développé une tarification bien adaptée à cette mystification: l'abonnement adaptatif. Le principe est le suivant: le client doit estimer sa consommation maximale mensuelle. Il se voit alors proposer par le fournisseur un abonnement adapté. Si sa consommation reste en dessous du seuil estimé, alors le tarif au kWh reste très compétitif. Si jamais le seuil estimé de consommation est dépassé, alors le prix du kWh supplémentaire à payer devient prohibitif. Donc tu l'auras compris. Tout est dans l'estimation initiale, qui doit être la plus basse possible, et je te rappelle que dans l'Administration, c'est très facile de trouver un ingénieur qui fait semblant d'être bête. Résultat, grosse surfacturation et le fournisseur en reverse une partie au Système. Et le temps que ça se voit... Bien sûr, cette démarche peut s'adapter à d'autres consommations; gaz, eau, téléphone et cetera.

La gestion d'un parc de voirie.

En ville, les revêtements de voirie sont dimensionnés pour durer environ vingt ans. Mais il ne faut pas croire que tu ne vas pas faire de travaux pendant vingt ans. Il y a toujours un réseau sous le revêtement, et qui doit faire l'objet d'une intervention. Finalement le revêtement est refait au moins tous les cinq ans. Dans une ville, on se réserve même des rues pour y liquider nos budgets d'entretien de voie publique, où on arrive à refaire le revêtement environ une fois tous les deux ans, voire une fois par an. Ces rues doivent bien sûr être choisies parmi les moins peuplées ou les moins circulées. A l'opposé, on garde certaines rues sans entretien, pendant plusieurs années, jusqu'à ce que la situation insoutenable pour les usagers te conduise à refaire complètement la voirie. Tu dois trouver un équilibre subtil entre les rues où on doit en faire trop et les rues où on doit en faire «pas assez».

Pour le mobilier de voirie, tu dois toujours t'arranger pour renouveler, essayer, enlever et remettre les éléments qui jalonnent nos rues. Pour cela tu dois être continument à l'écoute des riverains, et de leurs souhaits. Parmi ces souhaits, tu dois sélectionner ceux qui demandent des changements les plus chers. Un exemple: tu entends un jour qu'une personne âgée souhaite voir installer un banc dans sa rue. Fais vite installer le banc, voire plusieurs. Il ne faudra que quelques jours pour qu'un autre riverain se plaigne de la présence du banc; «il gène le passage», «un clochard y a élu domicile», «des enfants qui y jouent peuvent se blesser» et cetera. Du coup on fait enlever le banc, jusqu'à ce que d'autres riverains réclament son retour. Un bel exemple de balancier, où chaque retour de balancier alimente le Système.

La propreté bruyante.
Dans le domaine de la propreté (nettoyage des rues, enlèvement des ordures et recyclage), obligation du maire, la gesticulation est essentielle. Outre un budget de communication conséquent, cette fonction doit être le plus visible possible dans sa réalisation; le plus sonore possible je dirais même. Pour ce faire, on doit choisir les équipements mobiles (camions bennes, balayeuses, laveuses et cetera.) les plus bruyants possible. Il faut que le riverain sache qu'on dépense plein d'argent pour lui. Le risque, si la propreté s'avérait silencieuse, c'est que cela passe inaperçu donc inutile à l'image de la Municipalité. Bien sûr, au bout d'un moment, il y aura beaucoup de gens qui vont se plaindre du bruit. Là, tu n'auras pas le choix, il faudra adopter du matériel plus silencieux; finalement

l'occasion rêvée de renouveler tout le parc de matériel mobile, par un gros marché qui va alimenter le Système. On exploitera ce nouveau matériel silencieux le temps que les plaintes pour mauvais nettoyage de la voirie arrivent. Dans une ville les gens finissent toujours par se plaindre de la propreté, dès qu'ils ne voient plus ou n'entendent plus les machines. Pour y mettre fin, procède, une nouvelle fois, au renouvellement du parc avec du matériel… plus bruyant. Tu vois là un autre exemple de balancier bien favorable au Système.

Les parcs, jardins et arbres d'alignement.

Comme tout domaine technique, la gestion des parcs, jardins et espaces verts d'une ville peut éventuellement être externalisée pour alimenter le Système. Mais ce domaine particulier, qui regroupe aussi les arbres d'alignement et les petits espaces verts de voirie, peut être optimisé, sans tout externaliser. L'idée est de garder une régie pour la conception et l'entretien, et d'assurer les fournitures à l'aide de gros marchés à bons de commande concédés au secteur privé. On commence par former les paysagistes et jardiniers à ce qu'il ne faut pas faire pour avoir des espaces verts durables. Pour la conception, il faudra s'arranger pour que le choix des plantes et de leur implantation leur donne le moins de chance de survie. Par exemple, installer les plantes d'ombre au Soleil et les plantes héliophiles à l'ombre, éviter que les plantes récupèrent des eaux de ruissellement, sauf bien sûr si ce sont des plantes qui ne supportent pas l'humidité, ou choisir un couple plante-sol inadapté. Pour l'entretien, cela consistera à faire des tailles sévères des arbustes, trouver un maximum de prétexte pour couper les arbres, favoriser l'érosion des sols en désherbant régulièrement les jardinières et cetera. Si le travail est bien fait, on va assister à une mortalité rapide des espèces. Et là, tu remplaces tout ce qui meurt par des commandes de graines, d'oignons, de pousses et d'arbrisseaux aux marchés à bon de commande, qui fourniront aussi tout le reste; terre végétale, outils, produits phytosanitaires et cetera.

Cerise sur le gâteau, adopte un arrosage automatique. Ça coûte très cher, c'est très fragile et l'eau chlorée du réseau d'adduction fragilisera les plantes.

Si les plantes, en particulier les arbres, surtout les plus vieux, refusent de mourir, on force la main. Pour les arbres, on fait des «diagnostics bien sévères», on dit «qu'il y a un risque de chute parce que cet arbre commence à être vieux», on lui trouve des maladies imaginaires, on avance qu'en ville ils sont plus fragiles et cetera. Le but est de couper les vieux arbres pour les remplacer par des jeunes pousses qui ne tiendront pas le coup plus de cinq ans. Une bonne idée est d'établir un quota annuel de nombre d'arbres à remplacer, et de commencer par couper des arbres sains. Une fois qu'on a atteint ou dépassé ce quota, commence alors à couper les arbres qui présentent réellement un risque de chute, mais pas tous; il faut en garder quelques-uns, qui tomberont en faisant des dégâts en cas de tempête, histoire de justifier l'abatage massif suivant.

Mais me diras-tu, «ça va se voir ces plantes qui meurent ou qu'on fait mourir». De toute façon les gens n'y connaissent presque rien, ils verront surtout des jardiniers gesticuler et seront heureux que tout ce petit monde s'occupe de verdir leur grise existence urbaine. En ville, il est plus important de montrer des jardiniers qui travaillent que des plantes. Côté paysagistes et jardiniers en régie, ils ne moufteront pas non plus, ils savent très bien que si on arrête de les faire travailler à saboter le couvert végétal urbain, ils deviendraient inutiles, ou au moins remplaçables par des entreprises privées, option qu'il ne faut jamais exclure bien sûr. Ils comprennent vite leur intérêt. Surtout les cadres; ce sont les experts, ils savent très bien ce qu'il faut faire et ce qu'il ne faut pas faire pour que les plantes s'épanouissent. Et s'ils font ce qu'il ne faut pas faire, personne n'osera lever la voix, ou écouter ceux qui lèvent la voix. Après tous ce sont eux les experts, ils ont raison même quand ils ont tort. Dernière astuce: en ville, il est beaucoup plus facile de couper des arbres dans les quartiers pauvres que dans les quartiers riches, on y moufte moins. Les gueux font moins attention à leur cadre de vie.

Avec cette affaire des arbres, tu peux même l'appliquer à rendre service au privé. Je t'explique: Entretenir un parc privé arboré coûte cher. Tu proposes alors que l'Administration prenne en charge le parc, gratuitement éventuellement. Il ne s'agit pas de faire du profit pour l'Administration, mais pour le Système. Une fois l'accord signé, l'expertise de ton service espace vert devra convaincre que plus de la moitié des arbres sont malades et à abattre. Tu proposes le remplacement des arbres avec les marchés à commande de pépinière, aux frais du contribuable, et avec un bénéfice de 40% pour le Système.

L'anticipation de la réglementation.

Anticiper la réglementation permet de multiplier les travaux. Tu sens, en écoutant les débats scientifiques que la réglementation va évoluer, vers de nouvelles pratiques, plus sanitaires ou plus écologiques. Le bon sens voudrait qu'avant que cette évolution de la réglementation soit adoptée, on commence à adopter, par anticipation, ces bonnes pratiques. Et bien surtout pas! Jusqu'au dernier moment, c'est le contraire qu'il faut faire; tu dois t'en tenir le plus possible aux anciennes pratiques, et même les booster au maximum avant qu'elle ne soient interdites. Et ce n'est qu'une fois la réglementation adoptée que tu commences à l'appliquer. Et si tu as bien anticipé, tu feras faire les travaux deux fois, une fois selon les anciennes pratiques avant la nouvelle réglementation, et une seconde fois selon les nouvelles pour y remédier. Tu peux même faire encore mieux; une nouvelle norme est précieuse, car elle est difficile à appliquer, notamment du fait du manque d'expérience des personnes qui doivent l'appliquer. Si tu es assez habile, tu peux profiter de ces errements pour doper la dépense publique le plus longtemps possible. Tes services techniques seront prompts à adopter des «solutions foireuses», c'est-à-dire prises dans l'urgence d'un changement de pratique, donnant l'impression d'être la meilleure réponse, le plus cher possible et finalement empirant la situation, et rendant nécessaires d'autres solutions techniques foireuses ou non.

Un bel exemple de jackpot: dans les années 80 et 90, on sentait que l'amiante allait bientôt être interdite. Du coup on s'est empressé de vider les stocks disponibles pour les écouler dans les bâtiments et les revêtements de voirie. Après, une fois l'interdiction proclamée, on fait financer des travaux très chers de désamiantage pendant des décennies. En tout, entre la pose de l'amiante et son retrait progressif, on a dépensé au moins cinq fois plus que si on n'avait pas posé d'amiante la première fois.

Tu me diras, anticiper est difficile. Mais non, pas du tout, il suffit d'être à l'écoute. Et l'évolution réglementaire est très encadrée et te permets de faire ce qu'il faut pour maximiser la dépense. Chronologiquement le cheminement est le suivant: Dans un premier temps il y a des débats à n'en plus finir. Des experts vont prôner un changement qui va être ralenti par les lobbys notamment. Cela peut durer plusieurs années. Puis, une fois qu'un consensus est adopté dans la douleur, vient le Directive européenne. Cette dernière doit être adoptée à l'échelon national, théoriquement, dans les cinq années qui suivent, mais en général, le délai est plus long. Enfin, la loi est adoptée par notre Parlement. Mais il te reste encore un délai: l'adoption des décrets d'application, qui peut se faire attendre plusieurs mois, voire plusieurs années. Donc tu vois, entre le début du débat et la sortie des décrets d'application, tu as le temps de voir venir, et de mettre en œuvre toute sorte d'actions de tes services techniques qui te permettront de faire plusieurs fois la culbute.

Tirer profit des errements de l'Administration.

Aujourd'hui, ça devient de plus en plus difficile de réaliser un grand projet d'infrastructure. C'est pour cela que dans certains domaines, on mise plus sur les études préliminaires que sur les travaux proprement dit, pour alimenter le Système, comme on l'a vu plus haut pour les autoroutes. Mais on peut encore plus tirer profit de ces situations. Plus ton projet est gros, plus tu as de chance qu'il soit planté, ou au moins retardé; opposition d'association de riverain, formation de ZAD, fouilles archéologiques, espèces animales à protéger et cetera. Ton grand projet a donc de fortes chances d'être compromis. Cependant, dans ta gestion de projet, même si tu prévois un plantage, il est d'une extrême importance que tu avances le plus possible dans la procédure. Outre la réalisation des études préliminaires bien sûr, il est impératif que tu puisses attribuer tes marchés de travaux aux entreprises que tu auras choisies. Et dans le cas où l'opération s'annule, et bien rien n'est perdu. Les entreprises seront en droit de demander des indemnités. Imagine, les pauvres, elles espéraient tant de ces marchés. Alors, elles recevront une bonne partie de l'argent promis, sans finalement n'avoir rien à faire. Comment ? Et bien en ayant anticipé cette rupture de contrat lors de l'élaboration du marché. Lors de la rédaction des pièces de marché public, il est préférable que tu aies prévu un montant exorbitant de ces indemnités d'annulation ou de retard. De là à dire que l'on crée des projets exprès pour qu'ils soient plantés… Mais si l'échec de l'opération est prévu d'avance, les entreprises attributaires sauront qu'elles n'auront aucun investissement ou recrutement à faire, et l'indemnité est un pur bénéfice, et ce ne sera pas un grand sacrifice pour elles d'en reverser une bonne partie au Système.

En matière de communication, ça passe comme une lettre à la poste. La pauvre Administration qui va devoir se sacrifier pour payer l'indemnité à ces méchants capitalistes, à cause de ces méchants Zadistes qui entravent le développement…

Dans le même esprit, l'Administration aura toujours

intérêt à mettre fin à des concessions pluriannuelles, avant leur terme. Les indemnités prévues au contrat, ou obtenues par voie de Justice, seront à partager entre les concessionnaires et le Système. Et pourquoi ne pas créer des contrats de concessions exprès pour pouvoir les annuler…

L'écologie aujourd'hui regorge de fausses solutions.

Comme on l'a vu précédemment, l'évolution des mentalités en matière d'environnement, permet d'alimenter un mouvement de balancier entre «solutions foireuses». A terme, et on peut dire à long terme, on peut envisager l'adoption d'une solution durable. Les scientifiques arrivent à concevoir ces solutions assez rapidement, mais il ne faut absolument pas qu'elles soient adoptées rapidement. En tout cas pas avant d'avoir adopté de nombreuses solutions techniques, certes donnant l'impression d'accompagner le changement, mais coutant plus chers les unes que les autres et surtout ne réglant rien, voir empirant la situation. On a vu l'importance de la communication dans l'accompagnement de cette démarche. Il faut en faire un minimum pour donner l'impression qu'on en fait beaucoup pour la planète. Ce minimum doit être soutenu par ton service communication qui doit en faire des caisses, quitte à célébrer soit des dispositifs d'apparence verte mais finalement nuisibles, ou très éventuellement de vraies solutions vertes compréhensibles de tous, mais d'un impact réel limité. Donc, plante des fleurs et des pelouses, mais évite de réduire trop vite la pollution de l'air, des sols et des eaux. Privilégie le green-washing local, mais évite de t'attaquer à ce qui pollue au-delà de tes frontières.

Une bonne astuce pour casser les solutions efficientes développées par les scientifiques : la solution négociée. Et tu dois polluer cette négociation par un maximum de personnes qui n'y connaissent rien. On arrivera à une solution de compromis, généralement la pire qui soit, et surtout la plus chère, avec le rapport prix sur qualité le plus élevé possible.

Faire intenter des procès perdus d'avance.

Le but de l'Administration n'est pas de faire du profit, c'est de fournir de l'argent à des personnes qui peuvent ensuite alimenter le Système. Voilà un bon plan : Tu tombes sur un dossier où l'Administration a merdé, au point qu'elle peut se voir intenter un procès au civil. Et là, tu dois aller cornaquer l'entreprise, l'association ou le collectif susceptible de poursuivre l'Administration, pour leur donner toute les chances de gagner le procès. Du côté de l'Administration, tu t'arranges pour prendre un avocat bien nul. Une fois le procès perdu, l'indemnité est partagée entre la partie adverse avec qui tu t'es arrangé, et le Système.

Les musées.

Ce n'est pas un service technique, mais un musée est pas mal pour s'enrichir. Bien sûr, il y a moyen de commander des études et des travaux comme ailleurs. Mais ce qui fait la différence est la gestion des œuvres d'art.

Par exemple, si c'est un musée qui expose des œuvres d'art moderne, et que tu as quelques degrés de liberté sur le choix des artistes, sache qu'en France ce sont les musées qui font la côte. Donc, si tu as un ou plusieurs copains barbouilleurs, pas trop connus encore, mais qui ont «du potentiel» (notion toute relative), commence par leur acheter directement, en ton nom personnel, pleins d'œuvres. Attends un peu, et fais monter leur côte, en organisant des expositions temporaires avec leurs croûtes, ou en faisant acheter, par ton musée, quelques' unes de leurs œuvres (avec rétro-commission bien sûr). N'oublie pas qu'en matière d'Art, le le public n'aime que ce qu'on lui dit d'aimer. Donc c'est en organisant ces expositions que tu donneras de la côte à ces artistes. A terme, tu te retrouves avec une collection personnelle qui aura fait plusieurs fois la culbute. Pas besoin qu'ils aient du talent, tous ces artistes que tu auras choisi, car nous sommes à une époque où le concept est plus important que le talent. L'art moderne a été très utile dans la mesure où il n'est plus nécessaire d'être un génie pour avoir la côte. Comme quelqu'un qui peint comme un singe peut devenir un grand artiste, on peut choisir arbitrairement n'importe qui. C'est comme ça que la grande bourgeoisie case les fils à papa incapables de faire de vrais métiers. C'est même devenu leur prérogative, occuper toute la place dans l'Art moderne. Finis les artistes bohèmes qui deviennent des grands artistes! Ils restent bohèmes toute leur vie, et même après…

Si tu gères un musée avec que des œuvres anciennes, le même système peut être mis en œuvre, en remettant à la mode tel artiste tombé dans l'oubli, ou tel le travail de telle ethnie du passé. Dans un premier temps, tu te débrouilles pour trouver dans le privé et acheter ces œuvres oubliées. Ensuite tu fais organiser des expositions, avec les œuvres déjà présentes dans ton musée, le prêt des œuvres de collectionneurs en mal de reconnaissance de leur collection, ou éventuellement celles que tu auras achetées personnellement. Le but est que ces œuvres deviennent ou redeviennent à la mode. Et enfin, tu revends ta collection privée avec plus-value.

Attention à ne pas tomber dans l'extrême et risqué recel d'œuvres volés. Çà s'est fait dans le passé; organiser un cambriolage bidon dans ton musée, pour refourguer la commande à un riche collectionneur anonyme. Mais là, il faut être sûr de soi, et si possible, avoir atteint le stade de l'intouchabilité, (voir dernier chapitre).

La privatisation de l'enseignement

Voilà un beau projet d'avenir. On y travaille depuis des années, mais le plus gros reste à faire. L'éducation nationale, c'est un budget de cent milliards d'euros par an, quasiment entièrement en masse salariale. Quel gâchis! On a bien entamé la première phase qui consiste en un travail de sape long et sûr, contre l'Éducation Nationale; une incurie quasi-volontaire, un désintérêt des politiques, une baisse des moyens, une insécurité finalement bien orchestrée, tout çà pour détériorer au fil du temps l'image de l'éducation étatique, et rendre désirable une éducation privée. Pour l'instant çà a bien fonctionné pour les plus riches, et depuis peu pour les classes moyennes qui aujourd'hui commencent à préférer mettre leur progéniture «dans le privé». A terme, même les classes défavorisées refuseront de mettre leurs enfants «dans le public». Et là, il sera temps de mettre en place le programme de privatisation de l'enseignement, en créant un partenariat avec des écoles sous contrat avec l'État. On va donc passer d'un schéma où le salaire des profs coûte un «pognon de dingue» au contribuable mais ne rapporte rien au Système, à un schéma qui coûtera aussi cher, si ce n'est plus comme on l'espère, mais dont un pourcentage significatif finira dans nos poches. Et ça marchera du tonnerre, notamment pour la raison que l'enseignement est un des rares domaines où les agents du privé sont payés moins que les agents du public, donc une bonne perspective de profits qu'on va pouvoir partager avec les entreprises que nous aurons désignées.

Ce principe exposé ici, peut s'appliquer aussi aux tâches régaliennes de l'État; Police et Justice notamment. Là, on peut se borner à réduire la masse salariale pour affecter les fonds à d'autres administrations, où on peut financer les partenariats public-privé. Pourquoi penses-tu que le législateur fasse en sorte depuis plusieurs années que la Justice soit plantée en France? Attention quand même à ne pas toucher aux tâches régaliennes comme le Défense et le Budget. Pour cette dernière c'est aisé à comprendre puisque c'est là que se distribuent les fonds alimentant les différentes administrations, et en fin de circuit le Système. Pour la Défense, bien qu'aux États-Unis ils aient réussi à privatiser une partie du personnel militaire (notamment en

Irak avec Blackwater), ce n'est pas forcément souhaitable. En effet, la masse salariale n'y représente qu'une petite fraction du budget. La plus grande fraction, c'est l'achat de l'équipement et de l'armement, par des marchés captifs.

Vampiriser le Système d'un autre.

L'autre jour, j'étais en train de réfléchir comment je pouvais «planter» un service technique qui fonctionnait depuis des lustres en régie, sans jamais faire appel au privé, et j'ai trouvé, dans une autre administration, un service technique qui œuvrait dans le même domaine, mais qui était en train de basculer entièrement vers du partenariat public-privé. Je me suis donc inspiré de cet exemple, mais surtout je me suis aperçu que le Système monté par cette administration profitait à un autre parti politique que le mien. J'ai alors utilisé tout mon pouvoir et mes relations pour planter la démarche. Et j'ai mis fin à cette obstruction quand j'ai réussi à faire en sorte qu'une fraction des bénéfices tirée de ce Système soit reversée à mon parti.

A signaler aussi un bon endroit pour vampiriser le Système d'un autre, si tu as l'occasion, est un Service anti-corruption. Une inspection générale par exemple. Les enquêtes permettent de détecter des affaires louches, et tu n'as plus qu'à pourrir la vie des auteurs jusqu'à ce qu'ils t'associent à leur Système.

L'urbanisme.

J'ai gardé le meilleur exemple pour la fin. Pour simplifier, l'aménagement urbain consiste à réduire des espaces verts et à construire des espaces bétonnés. Et là, c'est le summum du Système, la pierre philosophale, le Saint Graal... Comment fonctionne une opération d'aménagement concertée? En gros le pouvoir politique décide ce qu'il veut, les services techniques se mettent en quatre pour aller dans le même sens, et le tout est financé par des promoteurs qui vont faire une plus-value énorme, dont un bon pourcentage servira à alimenter le Système.

Même le financement public par l'impôt est réduit. Soit dit en passant, il ne doit surtout pas être nul, cela réduirait ladite plus-value.

Et cette méthode est sans limite. Dans une ville le maire fixe les règles d'urbanisme, donc il fait sauter tous les verrous. Par exemple, si ça rapporte plus de faire des immeubles de grande hauteur, augmentons les limites de hauteur, c'est la municipalité qui décide. Un espace urbain délaissé, où la nature aspire à reprendre ses droits? Qu'à cela le tienne, la ville a besoin de se densifier ou de s'étendre. Il y a toujours besoin de logements, de bureaux, d'équipements, surtout d'équipements. Qui s'opposerait à la construction d'une école, d'une crèche ou d'un stade? On a les mains complètement libres pour faire ce qu'on veut. Et on a plein de services techniques pour justifier et mettre en forme nos caprices. Vois les exemples précédents exposés dans ce chapitre, et combine-les dans une opération d'aménagement urbain opérationnel.

Il faut bien sûr, là aussi, soigner l'emballage. Pour motiver une opération d'urbanisme qui consiste, pour résumer, à créer des bureaux et des commerces, il ne faut pas seulement mettre en avant les emplois créés ou le dynamisme économique. Il faut y intégrer quelques éléments démagogiques ou attractifs: une école, une crèche, quelques logements sociaux ou un jardin avec quelques arbres rabougris... Dans la plaquette destinée au Public, prends le plus grand soin de valoriser ces éléments, et travaille sur les illustrations avant/après. Avant: des photos le plus grises possible avec plein de voitures mal garées, des immeubles moches, des parterres avec des déchets en plastique. Après: des vues d'artiste bien colorées, bien végétalisées et sans voitures, mais avec des vélos et des piétons heureux.

Le timing de l'opération est aussi important. Pour protéger ce qui rapporte, lors de la phase travaux, commence toujours par les bureaux et les commerces. Comme ça si jamais l'opération prend fin prématurément, tu peux espérer que ce qui ne se réalisera pas se réduira ce qui rapporte le moins: les éléments qui ont servis à «vendre» le projet, soit l'école, la crèche ou le jardin. Si l'opération va jusqu'au bout, tu auras eu le mérite d'avoir réalisé ces derniers éléments.

On voit que le végétal ne fait pas le poids face au béton, et tout l'argent qu'il permet de gagner. Un truc de vieux briscard de la gesticulation, pour faire mieux passer la pilule: Donne des noms rappelant le végétal à tous tes nouveaux espaces bétonnés…

SURVEILLER SES ARRIERES

Le Système est vulnérable, et tu dois veiller à le protéger pour te protéger toi-même. Donc tu dois acquérir de bons réflexes pour te couvrir.

La première des couvertures est faire passer le Système comme quelque chose de «normal». Dans un service technique, c'est normal de choisir l'entreprise qu'on veut faire travailler. Avant on désignait l'entreprise la moins-disante, il fallait juste mettre au courant du prix cible, l'entreprise désignée par le Système. Si jamais un concurrent était moins cher, il fallait justifier qu'il présentait une offre «anormalement basse». Aujourd'hui on est censé désigner le mieux-disant. C'est plus facile de choisir qui on veut, c'est un critère complètement subjectif. Donc le travail de tes subordonnés sera de rédiger les rapports d'attribution qui expliquent que la meilleure offre est celle de l'entreprise que tu auras choisie. Pense à les récompenser, par la promotion entres autres, pour faire que ton service technique fonctionne «normalement», où il se passe des trucs que tout le monde sait, mais où personne ne moufte parce que tout le monde en profite. Comme ça, ils ne vont pas trahir la maison qui les nourrit.

Un jour il se peut que tu tombes sur un os, un élément

de ton personnel qui n'a pas la souplesse d'esprit suffisante pour faire fonctionner le Système, par exemple. Ton impératif est de le tenir à l'écart, et si possible de le renvoyer, de le muter ailleurs. Reporte-toi au chapitre RH.

Il peut aussi arriver de tomber sur un autre type d'élément incontrôlable; un «cavalier seul», un agent de base qui a compris le Système, mais qui détourne les fonds pour son propre compte, uniquement pour son compte, et complètement en dehors du Système. Et là, une fois que tu l'as détecté, tu dois être impitoyable, et en faire un exemple. Il faut le dénoncer, et que la Justice se déchaîne sur lui. Et ça, pour deux raisons: Premièrement, le Système ne supporte pas ce genre de concurrence «égoïste», même si le délit porte sur des sommes infiniment plus petites par rapport à celles que le Système brasse. Et deuxièmement, il faut donner un os à ronger à la Justice et à la Presse; Et c'est d'autant plus intéressant que le délit commis par le cavalier seul est petit. Une fois qu'il sera condamné, cette affaire donnera le sentiment à l'opinion publique que les rares affaires qui éclatent dans l'Administration, ne concernent que des individus isolés, et des sommes d'argent faibles. Un superbe écran de fumée.

Pareil, si tu constates un de tes agents qui essaye de se faire pistonner par un groupe de pression qui est en dehors du Système (c'est-à-dire en dehors d'un parti politique financé ou d'une entreprise que tu fais travailler, qui sont «dans le Système»), comme un club, une fraternité, un culte ou un syndicat, tu dois le dénoncer avec fracas que tout le monde sache que «le piston n'a pas sa place dans l'Administration».

Les apparences aussi sont importantes. Là aussi tu dois rechercher la normalité la plus humble. Ici-bas, l'habit fait le moine. Donc si tu commences à fumer des gros cigares, rouler des mécaniques, porter des costumes voyant et hors de prix, tu ressembleras à un rastaquouère, attirera l'attention de la Presse, de le Justice et cetera. Et le Système déteste ce manque de discrétion. Donc soigne ton look; raie sur le côté, costume passe partout, berline moyen-de-gamme... Et surtout, soigne cet accent du sud trop prononcé, c'est très mauvais pour l'image... Moi, comme tu l'as su, j'ai fait tomber ma particule pour ne pas attirer l'attention.

Autre risque à gérer, l'Alternance, ce mal nécessaire de notre démocratie. Si tu es aux stades UN et DEUX, c'est-à-dire quand tu n'es pas assez «politiquement exposé» pour bénéficier directement du Système tout en en étant la cheville ouvrière, pour rester à ta place de cadre supérieur ou de haut fonctionnaire, tu dois proposer aux nouveaux venus de bénéficier du fonctionnement du Système. En général, ils sont déjà au courant, et n'attendent que ça. C'est pour ça, que quand ils étaient dans l'opposition, ils n'ont jamais dénoncé le Système, tout simplement parce qu'ils attendaient patiemment l'alternance pour en bénéficier à leur tour. Si tu es déjà aux stades TROIS ou QUATRE, quand tu peux percevoir directement les bénéfices, tu devras probablement laisser la place aux nouveaux venus, et prendre ton mal en patience jusqu'à la prochaine alternance. Tu peux aussi faire ta mutation dans une autre administration ou une entreprise publique plus favorable politiquement. Tu peux aussi te faire embaucher provisoirement par une entreprise à qui tu as pu faire bénéficier de la commande publique. Avant c'était interdit, mais aujourd'hui, comme on a quasiment démonté la législation contre le «pantouflage», c'est beaucoup plus simple.

Enfin, pour éviter des problèmes avec la Presse, sois le plus magnanime possible avec les journalistes. Ils ont souvent un proche à placer dans l'Administration ou à loger dans des logements dits «sociaux», alors c'est donnant-donnant. Tu peux même les intégrer au Système, c'est une bonne couverture. En les mouillant aussi, tu peux prolonger l'état de grâce, et faire en sorte que la Presse garde le silence sur certaines affaires. Tu as tout intérêt à étendre ces largesses aussi à tous ceux qui comptent en matière de communication, particulièrement dans le Showbiz ou les syndicats.

Et le risque judiciaire? Pose-toi la question. Pourquoi on n'enquête jamais ou presque jamais sur nous alors que le phénomène est quasi général dans l'Administration? Et bien parce que la Police et la Justice ont bien plus à faire avec la délinquance et le crime visibles. Ça les occupe et ça représente des cibles bien plus faciles. Ça leur permet de faire du chiffre à moindre effort. Le Système est tellement bien conçu dans sa discrétion, que le confondre demanderait beaucoup trop d'énergie pour la Justice et la Police. Le sous-Peuple est bien plus sensible à l'arrestation de criminels ou délinquants de droit commun que de leurs idoles politiques. Pour protéger le Système, on a intérêt à ce que le crime (non organisé) puisse se développer pour faire diversion. D'où la hausse de la délinquance à laquelle on assiste, ou plutôt la hausse «ressentie» de la délinquance, heureusement pour nous bien mise en épingle par certains médias. Et le plantage des tâches régaliennes que sont la Justice et la Police mentionnée un peu plus haut, en plus de réduire la masse salariale de l'État, conduisent aussi à une hausse de la délinquance si profitable au Système.

VERITES SCIENTIFIQUES RELATIVES

Comme on l'a vu précédemment, les services techniques étant le meilleur terreau pour le Système, il est important de maitriser leur discours scientifique. Pour cela il va falloir développer des vérités scientifiques alternatives pour casser le consensus, au moins. Le temps de mettre en œuvre un certain temps les dispositifs qui permettent de développer le Système. S'il y a souvent un consensus qui se dégage, les avis d'experts peuvent diverger à la marge. Et c'est sur cette divergence que tu dois t'engouffrer et qu'on peut justifier n'importe quoi. Toujours dans cet objectif, tu peux créer aussi des mythologies scientifiques, généralement basées sur le bon sens populaire. On l'a vu précédemment pour l'entretien des arbres.

Nous, les énarques, nous sommes des littéraires, donc, même si on encadre des scientifiques, et qu'on fait les mauvais choix, ne t'inquiète pas, on ne pourra jamais rien nous reprocher de plus que notre incompétence. Tu trouveras toujours à incriminer un des experts qui t'a conseillé, et te débarrasser de lui, en lui donnant une promotion par exemple.

Pour finir sur ce thème, encore une astuce: il faut développer à fond, au sein des services techniques, l'effet de Dunning-Kruger. C'est un biais cognitif qui donne aux personnes faiblement qualifiées sur un sujet donné, une surestimation de leur compétence, leur donnant une assurance forte, et surtout convaincante vis-à-vis des profanes. En parallèle, l'effet de Dunning-Kruger, a aussi pour conséquence que les personnes les plus qualifiées confrontées aux incompétents plein d'assurance, auront tendance à sous-estimer leur niveau d'expertise, le but étant qu'elles ferment leur gueule. Tu l'auras compris, c'est dans le premier groupe qu'il faudra recruter les agents techniques qui serviront le Système. Donc, à la tête de chaque direction technique, d'une organisation scientifique, d'un hôpital ou d'un musée, fais nommer des incompétents non-scientifiques ou pseudo-scientifiques. Au mieux ils alimenteront le tâtonnement mentionné plus haut et si utile au Système, au pire ils discréditeront la communauté scientifique, ce qui a aussi son utilité pour faire passer nos vérités scientifiques relatives. Tu pourras aussi avoir besoin de fragiliser les vérités scientifiques, en les faisant passer pour des points de vu relatifs, des opinions d'experts.

Pour ce qui est de la communication, il ne faut jamais qu'une vérité scientifique éclaire directement le sous-Peuple. Elle doit toujours être transformée soit par ton service de propagande, soit par des journalistes complaisant, mais toujours pour service le Système.

UN RISQUE POUR LA DEMOCRATIE?

Alors me diras-tu, ce Système, avec tous les dysfonctionnements qu'il implique pour le quotidien des administrés et le risque juridique pour ceux qui en profitent, ne risque-t-il pas de porter le discrédit sur notre chère Démocratie et d'attirer les électeurs vers un vote plus extrémiste? Oui bien sûr, cela peut te sembler contradictoire, mais c'est une très bonne chose.

Premièrement, le Système se nourrit de stabilité. Plus les politiques restent longtemps en place, plus les dispositifs mis en place pour alimenter le Système seront pérennes. Donc la peur d'un basculement vers les extrêmes peut alimenter chez les votants un désir de stabilité, donc un vote vers les candidats sortants, ce qui pérennise le Système.

Deuxièmement, il faut comprendre qu'au bout d'un certain temps, cette volonté de stabilité pourra voler en éclats, et le risque de rejet de la démocratie ou l'augmentation «ressentie» de la délinquance, pourra provoquer un vote extrême jusqu'à l'élection d'un extrémiste, et donc jusqu'à la perte de la Démocratie. Mais pour nous, ce n'est pas un risque, c'est presque un objectif. Pourquoi crois-tu qu'un grand nombre de nous-autres, hauts-fonctionnaires, courrons assister aux conférences d'un Steve Bannon dès que celui-ci se pointe chez nous. Eh bien, c'est pour préparer le terrain.

Il faut comprendre une chose, le Système est aussi la raison d'être des dictatures. L'Histoire a montré que dans une dictature, quelle que soit sa couleur politique ou religieuse, tout doit passer par la clique au pouvoir, la classe dirigeante qui doit rester figée. L'absence d'alternance permet de faire croître le Système de manière exponentielle. Et le pot de vin doit rester la seule loi qui permette à chaque citoyen d'avoir le minimum vital. Et tout çà, sous une image de pureté et d'intégrité personnifié par le Leader charismatique et fort. Le Chef d'œuvre; toute une nation dont l'activité est orientée à en enrichir quelques-uns. La Dictature, c'est le Système poussé à fond, la prévalence complète de la Politique sur tout le reste, y compris la Science. Si ça arrive ici, tu dois d'ores et déjà tout faire pour faire partie de ces quelques-uns. Et c'est surtout un régime où on peut placer tous les incompétents immoraux qu'on veut aux postes clés. Les gens vraiment compétant, les universitaires intègres, et autres empêcheurs de détourner en rond, ils n'ont qu'à aller se faire pendre ailleurs. «Notre» Système dans notre démocratie n'est que la première étape vers un régime plus favorable, un régime balançant, avec une apparente intégrité, entre voyoucratie et autoritarisme. Ces deux concepts marchent de pair, ils sont parfaitement similaires et ont pour but que toute une population paye (de leur personne et financièrement) pour les privilèges d'une clique. Corée du Nord, Venezuela, Chine, Mexique, Syrie, et bientôt Russie, tous des exemples où le Système est roi.

En attendant, pour œuvrer dans ce sens, il faut favoriser un certain nombre de petites actions souterraines qui feront en sorte que le pays «aspire à plus de stabilité»:

Premièrement, la réduction de la classe moyenne, principale pilier démographique de la Démocratie.

Deuxièmement, la marginalisation et la frustration des

diplômés. Pense à ceux qui, croyant à la méritocratie, on fait des études qu'ils considèrent longues pour se retrouver au chômage. Certains d'entre eux sont allés alimenter les rangs de DAECH. D'autres sont restés ici pour rejoindre les partis plus extrémistes.

Troisièmement, réduction du salaire et détérioration des conditions de travail des profs. Chaque euro économisé ainsi, est un point de QI perdu pour la Société et de nouveaux adhérents pour un parti extrémiste: c'est valable pour le prof lui-même, et surtout pour ses élèves qu'il n'aura plus la capacité ou la volonté d'éduquer. Ajoute à ça la consommation effrénée de ces dispositifs de lavage de cerveau qu'on appelle téléphones portables, et les pollutions de l'air, de l'eau et de la nourriture qui détruisent le cortex avec la complaisance des gouvernants, et on obtiendra une société de décérébrés dociles et malléable pour notre projet.

Quatrièmement, développer les vérités scientifiques alternatives et discréditer les intellos. Des gens à qui on fait croire que la Terre est plate, que les vaccins sont nocifs, ou qu'il n'y a pas de changement climatique, sont très malléables et seront les forces vives qui permettront une éventuelle mise à mort de la Démocratie. Dans la foulée, tu dois faire discrètement en sorte que toute théorie complotiste soit développée. N'oublie ce proverbe de dictateur: «C'est en unissant les plus idiots en plus grand nombre qu'on fait les plus grandes choses».

De toute façon, la dictature sera nécessaire dès lors qu'il y a un risque que la Justice vienne à s'attaquer sérieusement au Système et que la classe politique perde l'assentiment du plus grand nombre; regarde ce qu'il se passe en Russie aujourd'hui.

Une fois que nous aurons pris le pouvoir de manière pérenne avec l'extrême droite par exemple, tu comprendras l'intérêt d'avoir recruté des personnes ayant assez peu de scrupules pour faire fonctionner le Système dans la haute Administration. Ces personnes pourront appliquer toutes les directives sans moufter, comme se débarrasser de telle catégorie de personnes, soit parce qu'elle nuit au Système devenu régime politique, soit parce qu'elle sert de bouc émissaire, soit simplement pour l'exproprier au profit de la clique au pouvoir… La quintessence du système te dis-je! Restera à recruter quelques débiles plus ou moins profond pour exécuter les basses œuvres.

Dernier avantage de la dictature: il n'y a plus besoin de financer des élections, tout le bénéfice du Système est dans la poche de la classe politique au pouvoir.

Mais ce combat est une autre histoire…

CONCLUSION,
SAVOIR PRENDRE LE LARGE

Quand tu seras arrivé au stade QUATRE, celui où tu ne crains plus rien, si on ne parle pas de toi dans la presse en termes de corruption parce que tu auras pris les bonnes mesures en matière de communication, alors tu peux finir par un ultime gros coup, juste avant de partir à la retraite. Un truc énorme et inimaginable par le profane, qui comme il ne peut pas l'imaginer, n'y verra que du feu. Une fois à la retraite et multimillionnaire, tu seras complètement intouchable. Personne, ni le juge, ni le journaliste ou ni le politicien, qu'il soit dans l'opposition ou pas, n'ira chercher des noises à un retraité. Et surtout un retraité tellement riche, qui pourra éventuellement se montrer un peu généreux avec eux. Ta seule tâche sera de désigner ton successeur. C'est plutôt facile. Tu auras mis tes collaborateurs en concurrence, et, magnanime, tu désigneras celui qui t'aura rapporté le plus, et qui aura réussi cette tâche sans faire de vague bien sûr. C'est cette personne qui saura le mieux perpétuer le Système. Quant à toi, tu pourras prendre ta retraite à méditer sur les rapports dominants-dominés au cours de l'Histoire.

EPILOGUE,
A LA MANIERE DE KIPLING

Si tu peux voir détruit l'ouvrage d'autrui
Et sans dire un seul mot te mettre à le rebâtir,
Et prendre en un seul coup le gain de cent parties
Sans un geste et sans un soupir;

Si tu peux voler sans avoir l'air d'un voleur,
Si tu peux avoir tort sans cesser de paraitre honnête,
Et, en profiter pour multiplier les publics labeurs,
Pour recevoir en retour des cassettes;

Si tu peux supporter d'entendre tes paroles
Colportées par des gueux pour exciter des sots,
Et d'entendre mentir pour toi leurs bouches folles
Afin qu'au final tu reçoives d'œnologiques pots;

Si tu peux rester roublard en étant populaire,
Si tu peux rester peuple en orientant ses choix,
Et détourner les impôts payés par ces hères,
Sans qu'aucun d'eux jamais ne sache pourquoi;

Si tu sais détourner, cacher et mentir
En étant à la fois constructeur et destructeur,
Faire rêver ceux dont tu spolies la tirelire
En surfant sur leurs petites peurs;

Si tu peux paraitre pur sans jamais paraitre riche,
Si tu peux être dépensier et jamais imprudent,
Si tu fais des travaux avec à la clef des bakchichs,
En virant le cadre moral, économe et sachant;

Si tu peux provoquer Triomphe après Défaite
Et recevoir de ces deux menteurs un même don,
Si tu peux conserver ton poste et ta tête
Quand tous les autres te serviront;

Alors les Rois, Les Juges, les Journalistes et le Pognon
Seront à tout jamais tes esclaves soumis,
Et ce qui vaut autant que les Rois et les rétro-commissions
Tu seras un décideur, mon fils.

Choux Gras éditions
Publication: KDP Direct Publishing